JN061165

小さな会社は「人を大切にする経営」で成功する

Kunikazu Kurematsu
暮松邦一

はじめに――会社の成長を阻むもの

小さな会社やお店を起業したとき、お客様も仕入れ先もなく、お店の信用もまったくないところからスタートする方が多いでしょう。

ときには多額の借金をして始める場合もあると思います。実際、私自身も電気もトイレもないシャッター付きガレージから1人で起業しました。

「自分の夢を叶えたい」「お金を稼ぎたい」といった、いわば利己的な満足のために努力を重ね、売上も雇う人も順調に増え、「さあ、これからもより一層大きな会社を目指してがんばっていこう」と考えていた矢先、スタッフから離職の声が聞こえてくることが多くあります。

私の場合、前年比で30パーセントも売上が上がっていた頃、離職率が30パーセントになっていました。

もちろんこれでは仕事になりませんが、その当時は「自分が悪い」と思う自覚もなく、「辞めるスタッフが悪い」と考えていたのです。

しかし、それは大きな誤りでした。スタッフが悪いのではなく、利己主義に走ってしまった私自身が悪かったのです。

利己主義の塊のような人にスタッフはついてきません。

この経験をきっかけに、私は「社会から必要とされる会社になる、利他の心で会社を運営していかなければ、必要な会社ではなくなる」と思い知らされました。

辞めたスタッフには申し訳ないことをしましたが、その人たちからスタッフを大切にする重要性を教わったのです。

「幸せ創造会社」としてホワイト企業大賞特別賞を受賞

はじめまして。本書を手に取ってくださり、ありがとうございます。

私は大阪市阿倍野区で株式会社ヘッズというギフトラッピングの会社を経営する暮松邦一と申します。日本一の高層ビル「あべのハルカス」がある天王寺からすぐ近くの会社です。

今では80名のスタッフが自分で事業計画を立ててアクションを起こしてくれるよ

うな会社になりましたが、実はほんの10年ほど前までは、離職率が高く「人材の自転車操業」を起こしているような会社でした。

私が営業を行っていたため、売上はそれなりに立っていましたが、組織はまったく機能していない状況でした。スタッフを自分の指示を実行してくれる道具のように考え、自分が起ち上げた組織の目標を達成してくれる存在だと考えていたからです。

当時は20人ほどのスタッフがいましたが、離職率は30パーセント。毎年6人は辞めていたので、毎月のように歓送迎会をくり返している状況でした。

スタッフから「社長、話があります」と言われたとき、相手の顔を見ただけで「あぁ、また退職の話だな……」と100%当てられるようになっていました。

しかし、そんな私の会社もあることがきっかけで大きく変化します。

それは〝離職のダメ押し〟とも呼べる事態が起きたことです。

あるとき、苦労を共にしてきて、「将来は自分の右腕に」とさえ思っていた勤続10年の古参スタッフに「辞めます」と切り出されたのです。

新人が、社風が合わずに辞めていくのならまだ理解できます。しかし、10年も一緒に働いてくれた、一番信頼していたスタッフから退職を告げられたのです。このときは、本当に崖から突き落とされたような気持ちになりました。

同時に、「これでは自分は何のために働いているのかわからない」と思いました。当時の私としては、きちんと給料を払い、仕事を与えて、会社が経営上うまくいけば、スタッフも満足する。そう考えていたのです。ところが、現実はそうではありませんでした。なにせ、一番信頼していたスタッフまで辞めてしまったのですから。

このままではいけない。会社を変えなければ……！

彼の退職をきっかけに、本気でそう考えるようになりました。

そこから私は1冊の本と出会い、ある人との出会いを通じて「人を大切にする経営」の存在を知りました。

経営者が本当に大切にしなければいけないのは、お客様よりもむしろ「スタッフ」である。社是やクレドを設定し、スタッフが本当に働きやすい環境を整えることによって、初めて彼らがお客様に対して心からのサービスやおもてなしを提供できるようになる――。

その結果として会社も潤い、経営者自身も幸せになれる、ということを学び、「幸せ創造会社」の看板を掲げたのです。

それから8年近くかかりましたが、2019年にはホワイト企業大賞の2018年度の特別賞『幸せ追求経営賞』を受賞することができました。ちなみに、この活動におけるホワイト企業の定義は「社員の幸せと働きがい、社会への貢献を大切にしている企業」です。

スタッフが「幸せ」になるための組織を作る

会社が大きく変わった今では、スタッフもフランクに話ができ、私自身が幸せを感じています。

本書では、「人を大切にする経営」を実践する中で、私自身が実際に学び、ときに失敗しながら取り組んできた具体的な方法をお伝えしていきます。

第1章は「私のこれまでの半生と起業」について。

第2章は「人本経営との出会い」について。
第3章は「社是・経営理念・クレドの重要性」について。
第4章は「よい社風をつくるための〝環境づくり〟」について。
第5章は「人を大切にする経営を実践している成功企業事例」について。
第6章は「人を大切にする経営を実践する上で大切なこと」について。

とくに第5章には私の友人でもあり、人を大切にする経営を行ってきた会社の実例を紹介しています。業種を問わず幅広い方々に読んでいただき、多くの会社の幸せづくりの参考になれば幸いです。

CONTENTS

第3章 社是・経営理念・クレドを作るために

第4章 よい社風をつくるための「環境づくり」

第5章 「人を大切にする経営」で変わった小さな企業たち

第6章 人を大切にする経営で「自然に成長する組織」をつくる

第 1 章

「社長」という夢を描いた先に待っていたもの

私はヘッズという会社を経営しています。

お花屋さんやケーキ屋さん、雑貨屋さん向けに包装紙やリボン、持ち帰りの袋や箱といった業務用のギフトラッピングを企画販売しています。

1985年に創業し、現在では80名のスタッフが自分で事業計画を立ててアクションを起こしてくれるような会社になりました。

といっても、最初から自走できる企業だったわけではありません。ここまでたどり着くにはさまざまな失敗や試行錯誤がありました。

第1章では、私のこれまでの軌跡とともに、どんな進め方で会社を成長させてきたのか、少しご紹介します。

「社長になりたい！」という夢を抱いた子ども時代

突然ですが、みなさんは子どものとき、将来の夢は何でしたか？

「野球選手になりたい」「芸能人になりたい」「お医者さんになりたい」……さまざまな夢があったと思います。

私はというと、「とにかく何でもいいから社長になりたい！」と思っていました。少し変わった子どもだったのかもしれません。

その夢を抱くきっかけは、私のおじが大阪市中央卸売市場でシジミやアサリ、赤貝などの仲買商をやっている〝社長〟だったことにありました。

今でも鮮明に覚えている光景があります。

私が小学校4年生で、おじの家に遊びに行ったときのことです。自分の家とは違う大きくて立派な外観。中に入るとふかふかのソファが置いてあり、おいしいお菓子をごちそうになりました。

「こんな生活ができたらええやろなぁ〜」と子どもながらにうらやましい気持ちになり、こう思ったのです。

「自分も社長になって、何かやったんねん！」

もちろん、どんな業界で いつまでに社長になるのかといった具体的なことは決めなかったものの、あの日私は「社長になる」という夢を固めたのです。

おじの影響は大きく、中学生になってからはおじの職場で夏休みや冬休みの間だけアルバイトをさせてもらいました。

せり場でせり落としたシジミやアサリ、ウニなどの商品をお店まで持って帰ってきたり、小売店に買っていただいた商品を小分けにしてトラックに積みに行ったりと、とにかく1日中走り回って荷物を運んでいました。

高校に進学してからは平日もアルバイトに明け暮れ、なんと長靴を履いたまま高校に行ったこともありました(笑)。大学入学後は、朝の3時頃からウナギや魚をさばく技術的な仕事も加わるようになっていました。もはやそんじょそこらの魚屋さんにも負けない魚の知識とさばく技術が身につきました。

それだけではありません。

おじや、卸売市場で働く人たちを見ながら「商売の基礎」や「お客様との関係性」さらには「売り」と「買い」の関係性などが自然と身についていたのです。

扱っていたのは生鮮食品なので、相場は毎日のように変化します。損を減らすため売れ残らないようにする売り手側の気持ちや、一方で安く商品を仕入れたい買い手との駆け引きも間近で見られます。「儲かるときもあれば、損しても売らないといけないときもある」そうした市場の様子は私にとって何より勉強になりました。

長靴か、キティちゃんか……悩んだ末に、サンリオへ

魚屋でのアルバイトにいそしみ、私は大学4回生になりました。就職活動も順調に進み、早い段階でアパレル企業から内定をもらったものの、まだ取得すべき単位が半分ほど残っていました。

「もし卒業できなかったら迷惑をかけてしまう……」という申し訳なさから私は内定を辞退しました。

ところが追試に次ぐ追試の末、運よくギリギリで卒業できてしまったのです。

さあ、困りました。就職先がありません。

はじめに浮かんだのはやはり、中学生の頃からおよそ10年続けてきた魚屋でのアルバイトを続けることでした。魚のさばき方も板についていたため「このまま市場で働こうかな」と考えたのです。

そんなときのこと。

6つ年下の妹が、新聞の切り抜きを持ってきました。それはキャラクターグッズ

やギフトグッズの企画販売をしているサンリオの中途採用の求人広告でした。

妹は、「かわいいグッズがたくさんあって、めっちゃ売れてるねん」「ここに就職してみたら？」と言うではありませんか。

「キティちゃん」や「キキ・ララ」と聞いても、男の私はピンと来ませんでしたが、せっかく妹が見つけてきてくれた求人広告。ものはためしと応募したところ、なんと採用されてしまったのです……！

進路の選択肢が増えてうれしいはずなのに、私は悩んでしまいました。しかし、「新しい世界に飛び込んでみたい！」という気持ちが勝り、私はサンリオに入社。社会人としての第一歩を踏み出しました。

今でも覚えているのが初出勤した日のことです。

初日から「会議に参加するように」と言われ、右も左もわからないまま会議に参加。なんと会議が終了したのは夜の11時半でした。これにはさすがに驚きました。

入社当時、サンリオの商品は売れに売れていたので、毎日夜11時半まで働くのは当たり前。さらに土曜日も出勤していたので、週休はたったの1日。月曜日から土曜日まで働き続け、唯一、日曜日だけが私の心と体が休まる日でした。

ところが、唯一ともいえる休日には「新規出店」が待ち受けていたのです。当時、サンリオなどのファンシーショップやコーナーが量販店に次々出店している時期で、私たちスタッフは商品陳列や飾り付けなどで駆り出されていました。

しかもこともあろうに土曜日の晩に上司から「暮松くん、悪いけど明日の新店に飾り付けなどの手伝いに行ってくれるか？」と言われるのです。

もちろん、新人の私に断る権利はありません。心待ちにしていた日曜日が、一瞬にして天国から地獄に変わる。そして休む間もなくまた月曜日が始まる……このような日々を繰り返し、あっという間に時が過ぎ去っていきました。

あらためて当時のことを振り返ってみると、驚くほど悪い印象は持っていません。むしろあの頃あれだけ〝仕事漬け〟になったことで短期間でたくさんの仕事を覚えることができたし、その後の長い仕事人生で少々のことがあっても、へこたれない精神を身につけることができたと考えています。

今なら「ブラック環境」と言われてしまいそうですが、ときにがむしゃらにがんばることで自分のキャパシティーを広げることができます。もちろん過重労働で体を壊してはいけませんが、まだ若く体の動くうちにできるかぎりの経験は必要だと感じています。

実際、私も一度の転職を経て、一人で起業することになるのですが、ここでのがんばりが起業時に活かされました。あのときキティちゃんを選んで本当によかった。そう思えるのです。

サンリオから、ファンシー雑貨店の店長へ

サンリオでは4年ほど営業を経験しました。

その後、私はファンシー雑貨の小売店に転職。そこで店長を約10年務めたのですが、4年が過ぎた頃からこんなことを考えるようになりました。

「もっと集客したいけれど、販売している商品はどこでも手に入ってしまう。どうすればいいんだろう……」

そんなもんもんとした気持ちを抱えながら、いつものように私が店頭に立っていると、小学生の女の子が友達にプレゼントするための文房具を買いに来ました。

　また次の日、今度はお母さんにプレゼントするタオルとエプロンを、そしてまた次の日には、おばあちゃんにプレゼントするものを買いに来たのです。

　私は「プレゼントを贈る相手が違うのに同じ包装紙では気が利かないよなぁ」と考え、ラッピング包装を少し変えて女の子に渡しました。

　女の子を見送りながら私はハッとして、

「もしかして、ラッピングを工夫することでお客様の満足度にもつながるのでは？」

と気づいたのです。来店されるお客様は、小さな女の子から高齢の方までさまざまです。当然、贈る相手もそれぞれ違うでしょう。

　商品だけではなく、包装紙を選ぶことにまで気を配ることができたら、きっとお客様の想いも相手に伝わるはず。また、包装紙を選ぶ楽しみも広がるだろうと考えたのです。私はさっそく包装資材を探しに行きましたが、自分が欲しいと思える包装資材がなかなか見つかりません。

　できるかぎりの包装資材を集め、ラッピングの工夫をこらしたところ、お客様からとてもよい反応をいただきました。

　その後も自分の気に入った包装資材を探す旅は続きます（笑）。そしてあるとき

「そうか、ないなら自分で作ればいい！」と思い立ち、起業することになるのです。ラッピングを単なる「包装資材」としてとらえるのではなく、「お客様に喜ばれてさらにお客様が増える販促資材」という発想の転換が、起業の大きなきっかけとなりました。

ヘッズ創業から人気のあるおっちゃんになるまで

幼い頃から抱き続けた「社長になる」夢と、「お客様により喜んでいただける仕事がしたい」という気持ちが高まり、１９８５年、私が30代前半のときに現在のヘッズを創業しました。

大手卸売業に仕入れに来るファンシーショップ向けに、かわいい包装紙やポリ袋、スタンプカードなどの既製品を作る事業を中心にスタートしたのです。

当然、会社には私しかいませんから、企画から営業、在庫管理、出荷から経理のすべてを１人でこなしていました。資金も乏しかったため、借りられたのはシャッター付きのガレージ１つでした。自宅で作った問屋さん指定のＪＡＮコードのシー

ルを持ってガレージへ行き、商品に貼って出荷するような毎日でしたが、私にとってはまさに「夢の第一歩」だったのです。

電気も通っておらず、明かりもトイレもないガレージのため、冬は寒さに震えながら作業をしていたときのこと、日が暮れてから発送伝票を書くときには車のヘッドライトを照明代わりにしていたこと、そしてトイレを借りるためにスーパーで缶コーヒーを1本買うのにも懐具合を気にしながら買いに走ったことを今でも鮮明に覚えています。

大雨のときに水が流れこんできて、あわてて「すのこ」を買いに走ったこともありました。

創業から数年は決して順風満帆ではなく、生活面でもいろいろな苦労がありました。中でも一番覚えているのがお正月。親戚一同が集まったときに子どもたちに渡さなければならない〝お年玉〟問題です。

当時は大きな金額を渡せるほど余裕がありませんから、親戚の子どもたちには雀の涙ほどの金額しか渡せませんでした。子どもたちはシビアなもので、お年玉の額で親戚のおっちゃんたちを格付けします。私は下位ランクの「ケチなおっちゃん」だったことでしょう(笑)。

なんとも恥ずかしいやら、情けないやら。しかし私が始めたことですから泣き言はいっていられません。休まず働き続けた結果、売上が徐々に上がっていきました。月の売上が100万を超える頃には、「事務作業や出荷がスムーズにできる広めの作業場所が欲しい」と思うようになりました。そこで大学時代の友人に相談したところ、事業で成功している方を紹介してもらえたのです。

ただしそれには条件がありました。相手が「見ず知らずの人に貸したくないから面接をする」というのです。

相手は一代で会社を築き上げた威厳のある紳士で、相当な緊張感がありましたが、ここで引くわけにはいきません。何しろ10年ほど使っていない18坪の倉庫を世間相場の3割近く安く貸してもらえそうなのですから。

まさに不退転の覚悟で挑んだところ、運よく面接をクリアすることができました。

こうして倉庫を借りられたものの、いざ現地に行ってみるとカビやシミが多くて汚いばかりか、いたるところに害虫の姿が……。

一気に現実に引き戻された私は、ノミ・シラミ・ダニなどの虫退治から始めることになりました。

しかし、倉庫を借りられたことは私にとって大きな希望となったのです。

「水道がある！　トイレがある！　電気もあって明るい！」

曇った窓を拭いたとき、気持ちまで明るくなったことを昨日のことのように思い出せます。

テンションが上がってしまって、まだスタッフもいないのに、「いつか社員食堂を作る！　いつかバスを貸切にして社員旅行に行く！」と、うれしくて仕方がありませんでした。やっと手に入れた自分の城は、立派な社屋とは言いがたいものでしたが、それでも私は幸せだったのです。他人と比較する余裕すらなく、ひたすら自身のことに目を向けられたのがよかったのでしょう。

昨日より今日、今日より明日……と、自分や自社の成長に目を向け、売上は右肩上がりに増えていきました。

創業後5年目を過ぎた頃から子どもたちに渡すお年玉の額も増え、私はようやく「いいおっちゃん」になれたのです。

人を雇うことの難しさを知る

創業時の私は、企画から営業、経理、出荷、売り場での品出しまでを1人で行い、まさに東奔西走で日本中を駆け巡っていました。

もし、出場者が100人いる「日本一忙しいビジネスマン」のコンテストがあったら、確実にベスト3に入ったのではないかと思うほどフルパワーで働いていたのです。

そのわりにお金がなく、空港へ行くときは時間がかかっても安い方法を選んでいました。

タクシーなどは使わず、電車と徒歩で向かうなどできるかぎり経費を抑えながら事業を行いました。

人を雇えるようになるまで約10年。

スタッフが入り、これからは事業拡大のスピードも高まるはず。ところが、思わぬ落とし穴が待っていました。

スタッフを雇っても雇っても、辞めていってしまうのです。「なんでやろ……」そう思っても誰かが答えを教えてくれるわけではありません。

スタッフの数が少しずつ増え、10人から20人、そして30人くらいになろうとしていたとき、毎年10人が辞めていく離職率3割という高い状態が続いていました。人が入っては辞めていく状態だったので、それこそ毎月、歓迎会と送別会をしているような日々が続きました。やむをえずアルバイト情報誌や新聞の求人広告にお金を払っていましたが、それでも応募者は少なく、応募があっても残念ながらこちらが求める人材ではなかったのです。

ただ日常業務を回していくには、希望どおりではない人であっても雇わざるをえません。

そうして雇った人は愛社精神も低いため、結局は続かず、離職と採用の無限ループに陥ってしまいました。

おもしろいもので、離職率3割の状況が当たり前になってくると、部屋に入ってきたスタッフの表情を見た瞬間に「あぁ、またか……」とわかります。

差し出された退職届を受け取りますが、辞めていくスタッフは理由を聞いても本音を言ってはくれません。思わず笑ってしまった理由に「家から遠いから」というものがありました。そんなことは最初からわかっていたはずです。

悲しい、虚しいといった気持ちを通り越して、この状況が笑えるくらい追い詰められていました。

あのトイレのない倉庫で業務をしていたときには決して折れなかった心が、はじめて折れていくような感覚を覚えていたのです。

人が辞めていくことが、経営者にとってこんなにつらいことだとは知りませんでした。「あなたの会社はイヤです」と突きつけられる毎日に私はだんだんと感覚がマヒしていたのかもしれません。

しかしふと考えてみると、私にも「スタッフのことを信用しきれていない」部分がありました。

私はプレイングマネジャーであり、社内ナンバーワンのトッププレイヤーであり、それゆえにお客様に少しでもいいものを提供するためには「何でも自分がやるべき」だと思い込んでいたのです。

営業ひとつとってもそうでした。

「ほかのスタッフに営業を任せても、自分のようには仕事を取って来られない。仮に自分とAくんが同じ取引先に行っても、売上は圧倒的に自分のほうが上げられる」と思っていたのです。

営業という仕事は売上に直結しているため、とても怖くて任せられず、結局、経営も営業も全部自分がしなければいけない状況でした。そんな気持ちでは「部下を育てて現場を離れよう」という考えすら起こりません。

自分の反省点には少しずつ気づくことができましたが、辞めていく本当の理由は実際のところはわかりません。スタッフに本音を言ってもらえないと、何がダメで辞めていくのか、本当の意味では理解できないからです。

いくらそう思っても後の祭りです。残念な気持ちと、退職するスタッフに対して「この人の人生を狂わせたかもしれない」という自責の念にかられ、ただその場に立ちすくみ退職者を見送ることしかできませんでした。

「このままでは何のために会社を始めたかわからない……」そんなときに追いうちをかけるような出来事が起こったのです。

右腕だと思っていたスタッフからの突然の退職願い

離職が続く中にあっても、私にはまだ支えとなるスタッフの存在がありました。それが苦労をともにしてきて、「将来は自分の右腕に」とさえ思っていた古参スタッフMさんです。

「彼だけは自分とこの会社をわかってくれている」そう思っていました。

しかし、ある日のこと、彼から突然「辞めます」と切り出されてしまいました。

新人が、社風が合わずに辞めていくのならまだ理解できますが、長年一緒に働いてくれていた、信頼していたスタッフから退職を告げられたのです。このときばかりは目の前が真っ暗になり、本当に崖から突き落とされたような気持ちになりました。

ショックと動揺はどうにか隠せたものの、目の前にあった机をつかみどうにか立っているような状態でした。

そのとき強烈に思いました。

「これでは自分は何のために働いているのかわからない」

「スタッフに愛されない会社なんて続けている意味がない」と。

当時の私は、きちんと給料も払い、仕事も渡して、まともに企業経営を行っているつもりでした。会社がうまくいけばスタッフも満足すると考えていたのです。ですが、現実はそうではありませんでした。なにせ、信頼していた古参スタッフまで辞めてしまったのですから。

このままではいけない。会社を変えなければ……！

彼の退職をきっかけに、本気でそう考えるようになりました。

それと同時に、私がなぜあのサンリオのときにがむしゃらに働けたのか。それを思い返していました。そして思い出したのです。

「サンリオでは、どんなにつらくても新人の私にいろいろな仕事を任せ、信頼してくれていたな……」

「お金を稼ぐというより、〝お客様のためにがんばりたい〟という気持ちがあったから続けられていたのかもしれない……」

自分が新人だったのときの気持ちに立ち返り、はじめて自社のスタッフに向けていた自分の行動を恥じました。

当時の私は「利益を出したい」という個人的な動機で会社を継続させることに必死でした。

毎朝一番に出社してスタッフのすべての仕事を決めてメモに書き、自分は営業に出るなど、誰よりも働いている自負がありました。そうした考えや行動がスタッフをまた苦しめていたのだと気づいたのです。

「これではブラック企業や……」

一般的には給料が安い、サービス残業が多い、ハラスメントが横行している、といった労働環境に問題がある企業がブラック企業というイメージがありますが、本当のところはそうではありません。

労働時間が長くても、仕事が大変でも、それをブラックと思わず一生懸命働いてくれるスタッフは存在します。しかし、本当の意味で企業をブラックにしているのは、「経営者の間違った想いだけ」で経営を続けているような組織なのです。

経営者は「利益を出したい」という目的と、何かしらの想いを抱いて起業をするものです。それは「理念」や「ビジョン」という言葉で表現されます。たしかにその想いは経営をするために必要でしょう。

「企業を存続させるために」とスタッフを駒のように使ってしまったり、営業にやっきになってしまったりするのも十分理解できます。

しかし、残念ながらそれだけではスタッフはついてきてくれません。

彼らにも生活がありますから「お金のため」に働いてはくれるかもしれませんが、何かのタイミングで退職するか、ずっと愛社精神を持たない状態で働き続けることになってしまうのです。

私はこのMさんの退職を機に「今こそ変わらなければ」と決意を新たにし、これまでの売上重視の考え方から「スタッフが安心して働ける会社」を目指し、さまざまな勉強会やセミナーへ行き、書籍を読んでは勉強しました。

その中で出会ったのが、ある1冊の本です。

経営者が本当に大切にしなければいけないのは、お客様よりもむしろ「スタッフ」である。スタッフが本当に働きやすい環境を整えることによって、はじめて彼らがお客様に対して心あるサービスやおもてなしを提供できるようになる――。その結果として会社も潤い、経営者自身も幸せになれる、ということを学び「人を大切にする経営」の存在を知ったのです。

続く第2章では、私を大きく変えてくれた「人本経営との出会い」と、具体的な実践、それによって社内がどう変わっていったのかについてお話ししていきます。

第 2 章

組織の欠点を見つめなおし、再構築へ

早期離職の状況をなんとか改善したいと思いながらも、私は日々の仕事で手いっぱいで何もできずにいました。

その間にも離職者は増える一方。「このままでは本当にダメだ」と感じ、組織改革の答えを書籍に求めました。そして出会ったのが、ある1冊の本だったのです。

「会社のつくり方」を根底から変えてくれた、1冊の本

私が離職率の高さに悩んだのは、経営者となって10年以上が過ぎ、取引先件数も売上も順調に伸びていた頃でした。この状況を私は「成功している」と思い込んでいました。

だからこそ、スタッフが次々と辞めていくさまを見て、はじめの頃はこの現象に理解が追いつかなかったのです。

お恥ずかしい話ですが、「入ってきたスタッフの質が悪かったんだろう」「次こそはうまくいくはずだ」そんな都合のいいストーリーを自分で組み立てていました。

しかし、社内の組織が何も変わっていない状況で、スタッフが生き生きと働くこ

となんてありません。

まさに砂上の楼閣。

どうしようもない徒労感を覚える毎日でした。

経営者仲間とも、さまざまな情報交換をしていました。

とくに採用人事に関してはどの会社も頭を悩ませている問題のひとつです。ですが、私は「自分の会社で離職率が3割にもなっている」なんて、とても打ち明けることができませんでした。

「社長は孤独である」とよく言われます。自分には関係のない言葉だとずっと思っていましたが、このときほど「孤独だ」と感じたことはないくらい、精神的に追い詰められていました。

組織づくりの本を片っ端から読み、「自分と同じケースで悩み、それを解決した本はないか」ひたすら探しながら読書を続けました。

そこで巡り合ったのが『元気な社員がいる会社のつくり方「日本でいちばん大切にしたい会社」から学ぶ理念経営』（小林秀司・著、アチーブメント出版）という本です。

著者の小林秀司先生は、『日本でいちばん大切にしたい会社』という本で有名な法政大学大学院の坂本光司教授に師事を受けた社会保険労務士で、島根県や四国など人材が集まりにくい地域の経営者へ向けて「業績軸（売上追求型）」ではなく「幸せ軸（幸せ追求型）」の会社経営を指導されています。

本には、「スタッフが一丸となって、会社だけでなく地域や社会をよりよくしていこう」というスタッフのエピソード、なによりスタッフ同士が強い信頼関係を築いているさまが描かれていました。

その本を読んだ私は「これこそが私が求めていた組織の姿だ……」と感じ、あとからあとから流れてくる涙を止めることができませんでした。

「先生に感謝の気持ちを伝えたい」そう思った私は、翌日に「小さな会社を経営している暮松という者です。先生の本を読んで大変勉強になりました。感動いたしました……！」と手書きで感想を書き、ＦＡＸを送りました。

私自身、感動して著者にＦＡＸを送ったのははじめてのことでした。

その翌日のこと。

なんと小林先生から会社宛てに電話がかかってきたのです。

しかも「FAXをありがとうございました。今度東京にお越しになったときに、ぜひお会いしましょう」という、私にとって予期せぬものでした。

私は、すぐにでもお会いしたいと思い「明日行きます！」とお伝えし、翌日には東京へ向かいました。感銘を受けた本を読んでから数日後、私はその著者に会うことができたのです。とても幸運でした。


小林先生は、なによりも「人」を大切にする志向を優先していくことを「人本主義」と呼び、幸せにしていく優先順位を次のように定めています。

スタッフとその家族
⬅
社外スタッフとその家族
⬅

お客様

⬅

地域社会の住民

⬅

株主

そして、スタッフから株主の順番で幸せにしていく経営を「人本経営(じんぽんけいえい)」と呼んでいます。

そのときはじめて人本主義と人本経営の思考を聞き、とても驚きました。これまで経営者たるもの、当然「お客様が第一」だと信じて疑わなかったからです。しかし、それでは、会社がうまく回らないことは痛いほどわかっていました。

1冊の本に出会ったこと、そしてその著者の小林先生にお会いしたことで私は、この人本経営を実践していくことに決めたのです。

売上至上主義から、幸せ至上主義の会社へシフト

本格的に組織変革に取り組むようになり、先生にお力添えいただき、まず2つのことを変更しました。

1つ目は、売上至上主義でお客様第一の姿勢から、「スタッフの幸せ第一」という思考にシフトしたことです。

「スタッフが働きたいと思う会社はどんな会社なのか？」

「スタッフの幸せをサポートするためにヘッズとして何ができるのか？」

お客様の幸せを軸にした考えから、スタッフが幸せに仕事していくためには何が必要か、徹底的に考えるようにしたのです。

この変化は精神的に大きなチャレンジを伴うものでした。ともすると、「スタッフ第一なんて打ち出したら、お客様が離れてしまうのではないか……」そんな怖さが頭をかすめるのです。

そのたび小林先生に「そんなことはありません。スタッフ第一に考えていきま

しょう！」と諭され、改革の道を突き進むことができました。

2つ目は社是・クレド（行動指針）を変更、再設定したことです。

これまでとは会社の在り方をがらりと変えたのですから、当然それに合わせた社是・クレドが必要になると考えました。

まず、社是は「感動創造企業」から「幸せ制作会社」に変更しました。

ヘッズは「幸せ」を創る会社なのだ、という目的をよりはっきり説明するためにこの言葉に決めました。

たった6文字の言葉ですが、この6文字を決めるのに1年近くかかりました。熟考しただけあって、スタッフの心に届く言葉になりました。

しかし、社是を変えたからすぐに会社が変わるというわけでも、離職率が下がるわけでもありません。そこで、社是にふさわしい会社にするためにスタッフに守ってほしい「クレド（行動指針）」を明確にしました。

小林先生と半年かけて本気で考え、11カ条を決定。社是・経営理念とあわせて

「HEADS HEART」と名付けたクレドも制定したのです。こちらは、第3章でくわしく説明します。

社是・経営理念・クレドは一人ひとりの心に浸透し、行動に反映させてこそ意味があるため、朝礼時に社是・経営理念はすべて、クレドは1項目ずつを唱和するようにしました。

導入当初は口先だけで唱和しているようにも見えましたが、毎日繰り返すうちに、「なぜ仕事をするのかが腑に落ちるようになってきた」と口にするスタッフが増えていったのです。

また、それと同時に月に一度、小林先生によるスタッフ勉強会も開催するようにしました。

勉強会では主に「何のために仕事をするのか」という哲学的なテーマを学びます。「なぜ」仕事をするのかがはっきり理解できると、自分の中に行動軸が生まれ、あれこれ指示をしなくても自分で動けるようになります。

仕事をするのは、お客様の幸せづくり

↓

そのために、電話の応対を変える

↓

お客様からのリアクションが変わる

↓

こういうふうに
喜んでもらえているんだと実感できる

↓

よりよいアクションができるようになる

　このような好循環が生まれ始めるのを私は肌で感じるようになりました。
　離職率の高さに悩んでいた時期から1年後。

気づけば、あれほど頭を抱えていた離職率も下がり笑顔で働くスタッフの姿をあちこちで見かけるようになりました。

「今までどれほどスタッフに負担をかけていたんだろう……」と思うと同時に、スタッフに感謝するようになりました。

現在ではありがたいことに「人本経営」の手本として他社が見学に来ることもあります。スタッフが生き生きと働いている姿を見て、「本当に幸せ創造会社ですね」と声をかけられると、思わず涙ぐんでしまいそうになります。

この涙は、あのつらかったときとは違う「うれし涙」なのです。

早く動いたことでつかみとったチャンス

1冊の本と出会い、1枚のFAXを送るというアクションで、私は組織を、そして社風を大きく変えることができました。

その理由を分析してみると、やはり「小さくてもすぐにアクションを起こした」から良い方向に向かったのだと思います。

世の中には、考えてから動く人、動いてから考える人の2種類がいるでしょう。前者は計画的で、後者は行きあたりばったりに見えます。しかし私は、今の時代こそ圧倒的に後者をおすすめします。

なぜなら現代は時代の変化が速すぎて、計画を練っている間にどんどん状況が変わってしまうからです。当初は「これでスタートしよう」と思っていた事業計画も、状況が変わりいつまで経ってもスタートできず結局挫折してしまった……という失敗談も多いと予測します。自分が不完全な状態でもいち早くスタートさせて、動きながら軌道修正していく。

それは、人のご縁をつかむという意味でも同じです。

「すばやく動く」ことがご縁をつかむ何よりの方法なのです。ご縁というのは不思議なもので、ひとつの出会いをきっかけに、周囲の方との交流が深まる場合もあります。

結果、現在私はスタッフだけでなく社外の人にも恵まれています。これもまた、物事を決めるすばやいアクションのたまもので、巡りあわせの奇跡なのかもしれません。

小林先生が教えてくださった、人本経営。

時を同じくして、私はもう一人、人生を変える先生と出会いました。在阪の中小企業に従事した自らの体験を踏まえ、コンサルタントとしてこれまで多くの指導実績を持つ佐藤元相（さとうもとし）先生です。

きっかけは佐藤先生のセミナーを受講したスタッフからの「社長、佐藤先生のセミナーとっても勉強になりました！」という言葉でした。興奮さめやらぬ状態で私にセミナーのことを教えてくれるスタッフを見て「私も佐藤先生とつながりたい！」と思い、すぐにセミナーを受講。

そこで「小さな企業が生き抜くランチェスター戦略」を体系的に学び、それが事業拡大の礎となりました。

出会いのチャンスを逃さない。みなさんに強くお伝えしたいことのひとつです。

辞めていった人たちから教えられたこと

人本経営を学んで私がもうひとつ、気づいたことがありました。

それは、「良い会社」の定義を大きく間違えていたことです。

みなさんにとって、良い会社とはどんな会社でしょうか。

以前の私は、スタッフが文句も言わず働いて、売上が上がって、利益を多く出せたら最高に良いと考えていました。

なんて自己中心的な考えなのでしょう。「社長のために働こう」という人がいるはずもないのに、そこに気づいていなかったのです。

ではなぜそう思ってしまったのか。

根底には、「利益を出したい」という意識が強く働いていたように思います。第1章で述べたような生活が、私を「売上至上主義」へと駆り立ててしまったのかもしれません。

しかしその後、私自身も「何のために働くのか」をとことん見つめ直しました。そして、「お金を軸に働いても喜びが少ない」ことに気づけたのです。

創業から5人目に採用した女性は、離職率3割時代を経て今も在籍しています。彼女がなぜ辞めなかったのか、知人が聞いてくれたことがありました。

私はすっかり忘れていたのですが、彼女との面接のとき私は「自分の長所と短所を書いておいて」と紙を渡し、その間に出荷作業をしていたそうです。

筆記試験のノウハウもなく、唯一の採用基準は20キロの荷物を持てることでした。当時契約していた運送屋さんは、荷物の大小にかかわらず料金一律。

今なら2個口に分ける20キロ分のレジ袋を、出荷コストを下げるために1個口にまとめていたのです。つまり「重い荷物を持てる人なら誰でもよかった」わけです。

時は流れて、いよいよ出荷作業を外部に委託するとき、思わぬことを言われました。「暮松さん、こんな重いパッキンは持てませんよ」と言われ、一度では運べないとわかったのです。当然、出荷コストも跳ね上がりました。そのとき私はハッとしました。「それまで社内の人に大変な苦労をさせていたのか……」私は知人にその話をされ、自分の愚かさを再度感じ、顔から火が出る思いでした。

しかし、その彼女は知人にこう話したそうです。

「社長には何度も怒られたけど、辞めたいと思ったことはない」

「人のせいにしたらあかんとか、周りの人への気づかいができていないとか、人として当たり前のことを教えてくれた」

私が売上至上主義の考えを改めて、スタッフの幸せを考える「幸せ制作会社」として11項目のクレドを作る前から、「仕入先さんを呼び捨てにしないとか、言葉遣いに気をつける、周りへの感謝など、『目に見えないクレド』はもともとあった」と感じていたらしいのです。

涙がこみあげてきました。「文章化されていない部分まで感じ取って、辞めずにいてくれてありがとう」という気持ちでいっぱいになったからです。

しかし、彼女がこうして自分の本音を話してくれたのは、私が売上至上主義からスタッフ第一主義に変わったからこそなのでしょう。

今も働いてくれている彼女が本音を語らず去ってしまう前に、私はスタッフの大切さに気づけて本当によかったと思っています。

お金儲けだけを追究しても、本当の幸せは得ることができません。

もし、「社内組織がうまくいっていない」と感じているなら、一度立ち止まって今の社内ルールや文化の見直しが必要かもしれません。そして、「スタッフの幸せに意識が向いているか」考えてみることを心からおすすめします。

会社はスタッフのために幸せな環境をつくることが絶対条件

「人を大切にする経営」にシフトチェンジするとき、正確には社内改善も行いながら、売上（利益）も保つ必要があります。「スタッフを大事にする」からといって、売上をおろそかにしていい、ということにはなりません。

大切なのはバランスです。

しかし、経営者の多くはお金儲けに意識が傾きすぎているのではないでしょうか。そうすると必ず「人」の問題にぶち当たります。その端的なものが離職です。

私の右腕だと考えていた古参スタッフが、いきなり退職を願い出てきたことはすでにお話ししましたが、これは何も私の会社に限ったことではありません。

実際に、経営者がいい年になって会社を譲ろうと思ったタイミングで、次世代のリーダーとして考えていたナンバー2の後継者が辞めてしまう例はあります。

そうならないためにも、離職や人材育成不足も含めた「人の問題」にぶち当たる前に（もしくは、すでにそうなっているのなら）、お金儲けから次の段階にシフトチェンジをしていく必要があるのです。

社内を改善していくためには「良い社風づくり」と「社内環境の整備」の2つに分けられますが、まず取り組むべきは「社風づくり」だと考えます。

それはなぜか。

社風のよさが、スタッフの充実感に直結するからです。

社風とは、会社全体の価値観や理念・信念などに表れる、独自のスタイルや雰囲気のことを言います。

このように書くと観念的・アナログ的なことと感じてしまうかもしれませんが、いわば〝空気感〟とも呼べる目に見えないものが、会社の雰囲気を醸成し、スタッフにとっての居心地のよさ／悪さに関わってきます。そしてそれは、最前線でお客様と接するスタッフたちの態度にまで影響します。

たとえば経営者がスタッフ全体のことを大切に思っておらず、給料を払って働いてもらう道具のように考えているとします。すると、そういった考え方は自然とスタッフに伝わって、居心地が悪いと感じたり、愛社精神を持てないばかりか、逆に不平不満をもらすようになったりするでしょう。

そのような気持ちで働くわけですから、接客の際にも「お客様を大切にしよう」「この会社を好きになってもらおう」「全員が幸せな状態をつくろう」という意識は働かず良いサービスも生まれません。

お客様に対して心あるサービスをするためには、何よりもまず、そこで働くスタッフが幸せを感じられる職場、社風の改善が第一優先なのです。

経営者が抱いている想いをきちんと見える化して共有し、スタッフに「自分たちは何のために仕事をしているのか」ということを理解してもらい、その会社で働くことが幸せであると感じてもらう「環境」を整えていくのです。

それがあるからこそ、スタッフはお客様に対して、心あるおもてなしができるようになります。その環境を整えるのが、経営者の仕事のひとつと言っていいでしょう。

誰も教えてくれない「何のために働いているのか？」

組織改革を本格的に進めている際、「何のために働いているのか」を小林先生には何度もスタッフにレクチャーしていただきました。

ではなぜ、「自分たちは何のために仕事をしているのか」をスタッフに理解してもらうことが経営者の仕事なのでしょうか。

それは、私たちが〝教わってきていない〟からです。

学校や家庭で、「何のために仕事をするのか」なんて、教わりません。

誰からも教わっていない以上、たとえば先輩スタッフが後輩スタッフに対して当たり前のようには教えられませんし、中には気づく人がいるかもしれませんが、ほとんどは自分が何のために働いているかを定義できていません。

会社は、そもそも経営者が何かしらの想いや情熱を持って起ち上げるものです。

そして、スタッフはそこで働く人たちです。

そのような形がある以上、「何のために仕事をするのか＝何のためにその会社で働くのか」ということは、会社の長である経営者がスタッフに教えなければいけないことなのです。

そのためには事前に経営者自身が「何のために自分はこの会社を創業したのか」「どのような未来をつくっていきたいのか」という〝お金儲け以外〟での事業に対する想いを再定義する必要があります。

その上で、社是や経営理念という明確な言葉を作り、見える化して広めていかなければいけません。

経営者自身が経営の想いをひとつの形にすることが大事です。

そうやって形にした経営者の想いは、企業そのものを支える大黒柱であり、スタッフ教育の根幹となります。

経営者の多くは「お金儲けをすること」と同時に何かしらの想いや情熱を持って起業したはずです。一般的な言い方をすれば、「世のため人のため」「社会の役に立つため」という言葉になるかもしれません。企業活動には必ずお客様がいて、商売とは、お客様の悩みを解決することや、希望を叶えて喜んでもらうことによって成り立つからです。

必ず「相手」がいて、それを広義にとらえていけば「人のため」「世（世間）のため」「社会のため」となっていくはずです。

その「想い」は、会社それぞれ違うでしょう。

大事なのは想いを「スタッフに伝えているか」です。

「成長企業」と聞くと、待遇や条件がいいことばかりに目が行きがちですが、実際それだけではありません。

本当に成長している企業は、経営者が働く理由をきちんと定義し、形にして見える化し、スタッフに浸透させている状態を指します。

スタッフを大切にしている想いがつづられていて、「私たちのことを本気で考えてくれている」という想いが伝わっている状態を保っていることが、本当に良い企業と言えます。

社長が変わらなければ会社は変わらない

ここまで、私がいかにしてスタッフ第一主義にシフトしてきたか、そして社風がいかに大事なのかをお伝えしてきました。

もうひとつ、重要なことがあります。それは、「社長が変わらなければ、会社は変わらない」ということです。といっても、変わればいい、というものでもありません。

変わり方を間違えると会社はあらぬ方向へ行ってしまいます。

「このままではいけない、変わらなければ」と焦っているときこそ要注意。自分の主観が働きすぎて周りが見えなくなってしまうからです。

客観的に自社の状況を見て判断してくれる専門家に意見を聞きながら、会社にとってどう変わるのが正しいのか、模索しながら進めていくことをおすすめしたいです。

さらに、経営者がミッションやクレドを大きく変更せざるをえないとき、あわせて「良い会社」や「変わる必要性」を自身がどうとらえているのか見つめなおす必要があります。

変更には「これでいいんだろうか」という悩みを伴う場合もあります。だからこそ、専門家がそばにいることが大事なのです。

前述したような変遷を経て、現在当社のスタッフは、一人ひとりが想いの強さを持って仕事にやりがいを感じてくれています。

それだけではありません。定着率も飛躍的に伸びました。うれしいことにスタッフは、家族や友人に会社を自慢してくれています。

こうなるまでに約10年がかかりました。

会社を変えるのはそれ相応の時間がかかります。そのことを意識して、すばやく行動することが求められるでしょう。

変革を進めていく上で、大事なことがあります。

それは「結果をすぐに求めないこと」です。社長である自分の意識が変わったからといって、スタッフもすぐに行動できるとは限りません。また、無理に変化を強いると「やらされ感」を生み、本当の意味でスタッフの気持ちを変えられないからです。

社長ができるのは、自分の意識を変え、クレドやミッションを整える。待遇を見直し働きやすい環境にする。そして、「スタッフの変化を待つ」ことです。

そうやってスタッフに寄り添うことで自然に「この社長の下で働きたい」とスタッフのほうから思えるようになっていくはずです。

そのためにまずは、幹部スタッフの数人に自身の想いや、どんな会社にしたいのかビジョンを共有することから始めましょう。重要なのは、「社是やクレドを設定すれば全員に伝わる」と思うのではなく、「まずは近しい人たちから浸透するようにしよう」という意識です。

時間はかかりますが、幹部スタッフに想いが伝われば、それを起点にしてスタッフ全体に社是やクレドが波及していきます。

社長一人だけでは、良い社風をつくることはできません。焦らずに進めていきましょう。

第 3 章

社是・経営理念・クレド を作るために

第2章で、「社是・経営理念・クレドを策定して、それを浸透させることが大事」とお伝えしました。

では実際、当社がどんな社是・経営理念・クレドを策定したのか。そしてスタッフに浸透させるために何をしてきたのか、本章では具体的に実践したことと同時に「クレド・ミッションなどのつくり方」についてもお伝えしていきます。

社是・経営理念・クレドの重要性とは

当社では、離職率の高さをきっかけに、社是・経営理念・クレドを新たに策定しました。これらは会社の目的や社会に対しての使命、働くスタッフたちの行動指針になる、とても重要なものです。

会社を生命体と考えるならば、社是・クレドはＤＮＡといっても過言ではありません。

社是やクレドがあれば指標となり、「自分が何をすべきか」と自分の頭で考えることができます。また、お客様の幸せづくりを実現していくための方向性が生まれ、人としての成長につながり、それがさらに家族の幸せへとつながっていくのでしょう。

企業の成長のみならず、人の成長にもつながる。社是・経営理念・クレドは会社を良いほうに動かす大きな力があります。

社是・クレドを策定する一番の意味は、ここにあると私は考えます。

すでに社是や経営理念、クレドなどを策定している会社も多くあるでしょう。

しかし、現実にはその社是が絵に描いた餅のようになっており、「スタッフも知らない、経営者自身も理解していない」ケースもあるのではないでしょうか。

小さな会社やスタートアップしたばかりの会社は、社会から必要とされる会社になるために、会社の目的や目標、自分たちは何を、どうやって進めていくのかを明確に社内に発信することが必要です。

あるいは2代目、3代目の経営者の場合にはぜひ、この機会に社是や経営理念を見直して、自分の言葉で現在の会社の目的にマッチしている社是や経営理念への変更を検討されることをおすすめします。

経営者の想いを「社是」や「経営理念」で表現する

小林秀生の『元気な社員がいる会社のつくり方』を読み「人を大切にする経営」を知った私は、まず、「社是」「経営理念」「クレド」「経営方針」を新たに作ることにしました。

では、そもそもこの4つがいったいどんなものなのか、1つずつ解説していきます。

・社是

「社是」とは、会社を経営していく上での方針や、主義・主張を示す言葉を指します。さらに言えば、この会社が何のために存在しているのか、社会に対して何を提供していくのか、存在意義を示すものでもあります。

社是は、会社において最も重要度の高いもので、全スタッフが社是を理解する必要があるでしょう。

・経営理念

「経営理念」とは、「何のために経営を行うのか」「その会社が経営を通して達成したい目的は何か」など、会社が大切にしている価値観や、基本的な考え方を指します。

また、経営活動を行っていく中で、その企業が「何をしていくのか」社内外に知らしめるという意味も持ち合わせており、こちらも重要なものと位置づけられています。

・クレド

「クレド」は、「経営者・スタッフを含めた会社全体が心がける行動指針のこと」です。社是や経営理念を達成していくために、具体的にどんな行動が必要か定めたものです。クレドとは、ラテン語で約束、信条と訳されますが、「スタッフが会社と取り決めた約束」という意味も持ち合わせています。

・経営方針

「経営方針」は「社是や経営理念を実現するために、会社として何を行っていくか」という方向性を表したものです。経営方針は「基本方針」とも呼ばれ、いわば会社の「行動指針」といっていいでしょう。

社是、経営理念、クレド、経営方針の違いについてお話ししました。私がこの4つの中で最も苦労したのが社是の策定です。できあがるまでに約1年を要し、完成したのが「幸せ制作会社」（現在は「幸せ創造会社」に変更）です。それほどの時間をかけてもいいくらい、重要なものといっていいでしょう。

では、ここでヘッズの社是と経営理念、経営方針、クレドを参考までにお伝えします。

【株式会社ヘッズの社是】

幸せ創造会社

【株式会社ヘッズの経営理念】

多くのしあわせを創りだすことにより

社員がしあわせになり、支持され、成長する会社になる

【株式会社ヘッズの経営方針】

・安定した企業成長と人財の育成
・「売り手によし」「買い手によし」「世間によし」「地球によし」「未来によし」五方よしの実践
・本気で取り組む
・社会に貢献する
・感謝の心を忘れない

【株式会社ヘッズのクレド（ミッション）】

HEADS HEART
私たちはHEADS HEARTを理解し実践することでより幸せな社会の実現を目指します。

①心あるオンリーワンの幸せ創造会社

ＨＥＡＤＳにしか出来ない商品やサービスのアイデアを出して行動しています。
心ある人々により運営される幸せ創造会社を実現します。

②相手の状況を考えて行動できる人

お客様や相手の立場になって考えます。
相手の想い、環境や状況を理解して、それに対応できる人になります。

③素直な心で礼儀正しく出来る人

素直な心で人の意見に耳を傾けています。礼儀正しくマナーを大切にします。
言葉づかい、身なり、表情、時間等に気を配ります。

④感謝の心を伝える人

私たちの仕事は、お客様、仕入れ先様、仲間、友人、家族そして社会の支えや協力がなければ出来ません。

感謝の心を忘れず「ありがとう」を素直に伝えています。

⑤**お客様の売上に貢献する会社**

〝お客様の売上・利益創造活動に貢献する〟ことを常に意識します。

提案に際してはカンタン・キレイ・ベンリの視点をもって実行していきます。

また、手づくりの温かさや真心を伝えることも忘れません。

⑥**社会と未来から必要とされる会社**

自分たちが出来る社会貢献や環境に対しての配慮を考え行動していくことで、より良い未来社会を創造し、次世代につないでいきます。

⑦**チャレンジ心をいつも持つ**

日々社会は変化しています。現状のままでは後退してしまいます。

自助努力に励み、常に新しいものを考え、新しいことにチャレンジしていきます。

１年後の成長目標を立て、成果が出るまであきらめずに実行していきます。

⑧更なる躍進を遂げる

永続していくために、世の中の変化に対応し、お客様と一緒になって大きな成長を目指します。

それによりＨＥＡＤＳに関わる全ての人の安定した幸せが実現出来ます。

⑨人の幸せは自分の幸せにつながる

他人に対する思いやりが、いつかは自分を思ってくれる大切な人をつくります。

思いやり、優しさに限度はありません。

利他の心は使えば使うほど無限にエネルギーは増すことを知っています。

⑩自分自身の成長がより多くの幸せを創る

この「ＨＥＡＤＳ ＨＥＡＲＴ」を実践することにより人は成長していきます。

信頼のできる人、思いやりのある人、人間力のある人になることによって、自分の周りの人を幸せにできる人になります。

⑪日々の小さな積み重ねが重要と思う

「ＨＥＡＤＳ ＨＥＡＲＴ」には幸せ創造会社で働く人の大切な心構えが書かれています。

この行動指針が、自分たちのものになるために仲間と共に日々継続し前進しています。

⑫幸せ創造を心から楽しむ

幸せ創造会社を実現するために、何より自分自身が楽しみながら取り組みます。心から楽しむことで、思考や行動が変化し、新たな幸せ創りにつながります。

（２０２３年６月現在）

これらを作る際、「自分が普段仕事をしながら考えていること」や「業務やスタッフ、そしてお客様への想い」という「自分の内側から出てくる言葉」を１つずつ出して「言語化」していくようにしました。すると、チャレンジ精神、素直な心、感謝の心、礼儀正しく、人の幸せは自分の幸せ、日々の小さな積み重ねの重要性などのテーマが出てきたのです。

また、自分の中にある言葉がどうしても出てこない場合は、さまざまな会社の社是や経営理念を参考にしてもいいと思います。

社会から必要とされる会社として永続していくためにも、スタッフの幸せ、ひいては自分の幸せにつながる会社にするためにも、社是・経営理念・経営方針・クレドをしっかり作ってみてください。

社是や経営理念やクレドを作る方法

実際に社是など（以降、経営理念やクレドなども含む）を作るときはどのようにすればよいのでしょうか。

「1から考えるのが大変そう……」と身構えなくても大丈夫です。

0→1（ゼロイチ）で作るのが難しければ、社是やクレドを掲げている企業のものを参考にして、自分なりにアレンジするのもひとつの方法です。

代表的な社是・経営理念でいえば京セラ株式会社です。実際に、稲森和夫氏の盛和塾に参加していた経営者の中には、ここからアレンジして社是などを作っている企業が少なくありません。

参考に、京セラ株式会社の社是・経営理念を引用します。

【京セラ株式会社の社是】

敬天愛人

常に公明正大　謙虚な心で　仕事にあたり

天を敬い　人を愛し　仕事を愛し

会社を愛し　国を愛する心

【京セラ株式会社の経営理念】

全従業員の物心両面の幸福を追求すると同時に、人類、社会の進歩発展に貢献すること。

ほかにも、自分の好きな経営者や会社があれば、その会社のホームページや、社是をテーマにしたサイトなどを見て研究してみましょう。

クレドも同様です。参考に、ザ・リッツ・カールトンの有名なクレドと、特に私がリッツのよさを感じる「モットー」の部分を原文（日本語）のまま引用しておきます。

【ザ・リッツ・カールトンのクレド】

リッツ・カールトンはお客様への心のこもったおもてなしと快適さを提供することをもっとも大切な使命とこころえています。

私たちは、お客様に心あたたまる、くつろいだ、そして洗練された雰囲気を常にお楽しみいただくために最高のパーソナル・サービスと施設を提供することをお約束します。

リッツ・カールトンでお客様が経験されるもの、それは感覚を満たすここちよさ、満ち足りた幸福感そしてお客様が言葉にされない願望やニーズをも先読みしておこたえするサービスの心です。

【ザ・リッツ・カールトンのモットー】

ザ・リッツ・カールトンホテルカンパニーL．L．C．では「紳士淑女をおもてなしする私たちもまた紳士淑女です」をモットーとしています。この言葉には、すべてのスタッフが常に最高レベルのサービスを提供するという当ホテルの姿勢が表れています。

各企業の社是からヒントを得る

社是などは「自分の内側から出てくる言葉で言語化する」とお伝えしましたが、どうしても言葉が思いつかない場合もあります。その際は他企業の例を多く集めてみましょう。すでに他企業の例を挙げましたが、ここでは、さらにいくつかの例をご紹介します。

【オリエンタルランドの企業使命】

自由でみずみずしい発想を原動力に

すばらしい夢と感動
ひととしての喜び
そしてやすらぎを提供します。

【Amazonの理念】

Amazonは4つの理念を指針としています。お客様を起点にすること、創造への情熱、優れた運営へのこだわり、そして長期的な発想です。Amazonは、地球上で最もお客様を大切にする企業、そして地球上で最高の雇用主となり、地球上で最も安全な職場を提供することを目指しています。

【Googleの使命】

Googleの使命は、世界中の情報を整理し、世界中の人がアクセスできて使えるようにすることです。

【日清食品の企業理念】

食足世平「食が足りてこそ世の中が平和になる」
食創為世「世の中のために食を創造する」
美健賢食「美しく健康な身体は賢い食生活から」
食為聖職「食の仕事は聖職である」

【リクルートの基本理念】

私たちは、新しい価値の創造を通じ、社会からの期待に応え、一人ひとりが輝く豊かな世界の実現を目指す。

【ＳＧホールディングスグループ（佐川急便）の企業理念】

「信頼、創造、挑戦」
ＳＧホールディングスグループは
一．お客さまと社会の信頼に応え 共に成長します
一．新しい価値を創造し 社会の発展に貢献します

一．常に挑戦を続け　あらゆる可能性を追求します

それぞれの企業が持っている方針や主義・主張が伝わってくるのではないでしょうか。「自分の会社の社是を考える中で、見過ぎてしまって考えがまとまらない」というときは、同じ業種だけを参考にするのではなく、異業種であっても価値観が近い会社を参考にするとまとめやすくなります。

また、ほかの企業を参考にする方法以外にも、

・社是や経営理念についての書籍を読む
・クレドの作り方の動画を見る
・社内でノウハウのある人間と一緒に作る
・創業メンバーなどの幹部・古参メンバーと一緒に作る
・専門の外部コンサルタントと一緒に作る

といった方法があります。

あなたにどの方法が合っているかはわかりませんが、大事なのは実際に作ると決めてまず一歩を踏み出すことです。

社是と経営理念の違いに悩まれる方もいます。簡単に言えば社是は「内部だけでなく、外部にも発信して伝えるもの」、経営理念は「内部に向けた言葉」だととらえるとわかりやすいと思います。

ですから社是には、具体性よりもイメージのしやすさ・伝わりやすさが大事なのです。強くてわかりやすい単語選びや平易な言葉遣いによって、取引先やさらにはお客様まで広く認知されると「この会社はこういうことを考えているんだな」と理解していただけます。会社を理解してもらうことは、商売はもちろん求人や株価などにも良い影響をもたらします。

逆に経営理念では社是でうたった会社の向かう方向、存在意義を、内部に向けてもう少し具体的な言葉に落とし込みます。クレドは経営理念に沿って、スタッフ一人ひとりがどう行動するかを指し示すものになります。つまり社是がすべての基になるのです。社是がブレてしまうと、経営理念、クレドとさらに大きくブレてしまうことになります。

社是が決まるまでに数カ月、いやそれ以上かかるかもしれませんが、みなさんも会社の方向性を指し示すような社是を策定し、魅力的な会社への第一歩を踏み出してほしいものです。

自分の内側からの言葉で社是や経営理念を作る

どのような形であっても、社是などを作る必要があるのですが、ここでひとつ注意してもらいたいことがあります。

少し触れましたが、大切なのは「自分の内側から出てくる言葉」を使って言語化することです。

他企業の例を参考にするのはいいのですが、それをそのままコピーしたのではあなたの会社の社是にはなりません。

また、おそらく起業当時から時代や会社を取り巻く環境が変わり、あなた自身の考えも変化しているはずです。

たとえば、お店をスタートして10年経過し、スタッフ10人ほどの規模になっているとしましょう。

創業のときは「利益を出したい」「自分の技術を世に問いたい」といった個人的な目的があったかもしれません。ですが、人を雇い、売上を上げ、低迷したり離職の問題を経験したりする中で、少しずつあなた自身経営者としての自覚が芽生えてくると思います。

単にお金を稼ぐだけではなく「会社はスタッフがいることで回り、お客様がいることで維持できる」という自然な商売の理(ことわり)を知り、理解したことで、当初の「個人的な目的」とは異なる「経営者としての目的」が生まれているはずです。

長い年月と、さまざまな経験の中で培われてきた〝あなたの言葉〟を探してみてください。そして、一つひとつ文章にしてみてください。

普段スタッフに声掛けしている言葉はありませんか？

ブログやニュースレターなど、あなたが書いてきたものはありませんか？

普段思っていること、考えていることは何ですか？

こういったことを手掛かりにすれば「自分だけの言葉」は必ず見つかります。

繰り返しになりますが、時間をかけてもいいので（時間はかかるものです）、少しずつ自分の言葉を出していくようにしましょう。


「うちは小さな会社だから社是やクレドは必要ない」そう考える経営者もいるかもしれません。小さな会社だからこそ、社是やクレドが浸透することで、スタッフ一人ひとりが責任を持って働くことができるのです。明確な行動指針が理解できることで、スタッフは自信を持って仕事にまい進できるでしょう。

時代の変化に伴って社是などは変更してもいい

すでに社是や経営理念が存在している会社もあると思います。

その場合、新しいものに変更しようという意識が起こらないかもしれません。もしくは、先代や創業者が作ったものとして、敬意や遠慮から「変えない」「変えてはいけない」ととらえている方も中にはいるでしょう。しかし、会社を取り巻く環境は刻一刻と変わるもの。「先代が作った社是や経営理念が現在の価値観に合わない」ということもあるでしょう。

社是や経営理念は、一度作ったら変えてはいけないものではありません。時代の変化に伴って変更してもよいのです。

創業者が社是や経営理念を変更するのも同様です。そのときの企業規模や状況によって、会社として達成したい目的や社会に提供したい価値は変化するでしょう。やはりこの場合も「変更する」ことを前提に考えていいのです。

実際に、私の会社もかつては「感動創造企業」という社是のもと経営を行っていました。ギフトラッピングの会社として、プレゼントの包装紙で感動を生み出す会社に、という想いで社是を作ったのです。

しかし、第1章でも述べたように離職率が高くなったことや、組織内がうまく回らないといった事情を鑑み、「幸せ制作会社」に変えたのです。さらに2022年度には、現在のスタッフからの提案で社是を「幸せ創造会社」に変更しました。感動を生み出す会社から、「いろいろな人の幸せを創る会社」へ。感動というエモーショナルなものから、その先にある「幸せ」を感じてほしい。そんな想いから決断に至りました。事実、社是を変更してから組織としての強さは増したと感じています。

みなさんもよりマッチする社是があれば、変更を検討してみてください。

最初のうちはある程度強制的に理念を浸透させていく

社是や経営理念は、作っただけでは本当の意味で効果を発揮しません。経営者としての想いや、スタッフを大切にしたい意思をスタッフ全員に伝えて浸透させていき、はじめて社是や経営理念が現場で活かされるのです。

では、私が理念浸透をはかるために行ったことを紹介します。

朝礼で、社是・クレドの浸透をはかる

まず、おすすめしたいのは、「朝礼」です。

毎日朝礼で社是を全員で唱和するところから1日を始めるのです。

これは、経営の神様・松下幸之助氏のパナソニック（旧・松下電器）でも行われているもので、パナソニックでは各事業所で朝会が開かれ、社歌の斉唱に続いて、綱領・信条・遵奉すべき精神が唱和されるそうです。

私の会社では、２０１２年７月から朝礼をするようになりました。

そもそものきっかけは、だらだらと始まってしまう朝の風景を見ていて「今からスタート！」という切り替えが大事だと考えたからです。お恥ずかしい話、それまではやっていませんでした。

現在、９時から10分間は全員で社内掃除。朝礼は９時10分より始まります。全員で社是・経営理念・経営方針（幸せ創造会社　多くのしあわせを創りだすことにより社員がしあわせになり、支持され、成長する会社になる）の唱和をします。

そのあと、毎日３人ずつ３分間のスピーチをします。社是、経営理念、クレドに関係することを中心とした内容の話をしてもらいます。

たとえば、クレドの「④感謝の心を伝える人」というテーマを設定し、それについてスピーチしてもらうのです。

スピーチの内容は人それぞれで、「私は感謝の心を伝える人になるために、こうします！」という宣言をする人もいます。大勢の前で宣言することで「言ったからにはやらなきゃ！」と行動を起こすきっかけになります。

また、毎日の復唱が一人ひとりの心に響き、各スタッフがはっきりとした「幸せを創っていく」という目的を持ってお客様や企画、営業などそれぞれの持ち場・立場で力を発揮してくれています。

社是の中に多く使っている〝しあわせ〟という言葉の言霊（ことだま）が宿ったのか、日々の生活の中で小さな幸せを感じ取れるスタッフが増えました。

私自身朝礼で唱和することが、お客様の幸せを創り、ひいてはスタッフの幸せを創ることを改めて自覚する機会となっています。

さまざまな意味で、朝礼を始めて本当によかったと思っています。

実はそれだけではありません。

朝礼でのスピーチは、スタッフ教育にもつながっています。最初はうまく話せなくても、1年、2年と続けていると、だんだんと話がうまくなり、やがて感動的なスピーチができるようになります。それが、プレゼンテーションスキルやスピーチスキルの向上にも確実につながっています。

社内であまり話す機会がない間柄でも、スピーチをきっかけに「今日のスピーチ、よかったですよ」「○○が趣味なんですね」などという一言から会話を始めることができます。社内に「一緒に働いているけどよく知らない人」がいなくなり、会社全体のコミュニケーションが円滑になりました。

私の会社の朝礼は、あくまでもスタッフが40～50人になった頃の例なので、10人前後の場合は、少しアレンジが必要かもしれません。

たとえば、スピーチは1人ずつにして、最初は慣れないでしょうからスピーチ時間も幅を持たせて、慣れてきたら徐々に3分を目指していくのでもいいでしょう。お手本を見せるためにも、最初は経営者とその幹部層や古参メンバーが順番に行い、そこからほかのスタッフが始めていくのでもいいと思います。

朝礼制度をスタートさせて最初の1～3カ月くらいは、習慣化するために強制的にやらなければいけない期間も必要でしょう。強制といっても無理強いをする意味ではなく、経営者や幹部層が積極的に実施をしていくのです。

何事も、最初に変化を起こそうとするときはエネルギーがいるものです。それは想定内のこととして、社是＝会社の目的を経営者がじっくりと浸透させていきましょう。

私の感覚では2カ月も毎日続けていれば、だんだんと受け入れられるようになります。

大事なのは、きちんと全員で唱和すること、声を出すことです。声を出すことで社是が耳に入り、頭に、そして心に浸透していきます。

朝礼の時間帯は会社の始業時間によってさまざまとは思いますが、今日からできる理念浸透の方法です。まずは朝礼から実践してみてください。

作った社是やクレドを目に見えるところに掲示する

次に、社是やクレドを社内に掲示するという方法があります。当社では、クリアフレームに入れてきておしゃれに飾る、などの工夫をしています。会議室にも、エレベーターの中にも、一部のトイレにも掲示して「いつでも目に入る」状況をつくり出しています。

やはり日々業務に追われてしまうと、改めて社是やクレドを見直す機会も減ってしまいます。いつもそばにある状態を作り出すことがひとつの理念浸透につながるのです。

お客様が来社されたときにご覧になって、「いい会社ですね」と声をかけてもらうこともあります。そういう意味では社是やクレドを掲示するのは社内外に発信する役割を担っているのです。

名刺やカードに社是や経営理念、クレドを記載（印刷）する

理念浸透の方法として、もうひとつおすすめなのが「名刺やカードに社是やクレドを記載する方法」です。

あなたの会社に全員分の名刺がないのであればこれを機に作成するか、すでにあるのであればバージョンアップさせるつもりで、名刺に社是などを記載してみてく

ださい。

これだけで、名刺交換のときにスタッフ自身の目に入りますし、交換する相手にも、あなたの会社がどのような社是や社風なのかを伝える手段になります。名刺だけで会話が広がるきっかけになるので、相手との関係性づくりにも役立ちます。

・**社是**
・**経営理念**
・**経営方針**
・**クレド**
・**プロフィール写真（似顔絵でも可）**

などを記載することをおすすめします。

名刺のサイズによっては記載できる内容も限られてくるとは思いますが、5つの要素のうち「社是」と「経営理念」はワンセットなので、裏面を使ってでも記載するようにしましょう。

顔写真やイラスト入り名刺は今では当たり前のように使われています。プロに写真を撮ってもらうのでもいいですし、私の会社ではデザイナーに描いてもらった似顔絵を載せています。

名刺による「見える化」のほかに、当社では、社是・経営理念を名刺サイズの用紙の裏表に印刷しています。クレドは内容がたくさんあるので、社是とは別の名刺サイズの2つ折りのカードを作りました。スタッフにいつでも見てもらうようにしたのです。

私自身は、社是や経営理念、クレドなどは持ち歩き、必要な場面ですぐ渡せるようにしています。

直感力No.1

CREATE YOUR HAPPINESS
HEADS

代表取締役 社長
暮松 邦一
KUNIKAZU KUREMATSU

株式会社 ヘッズ　https://www.heads-jp.com
〒545-0001 大阪市阿倍野区天王寺町北 3-9-11
TEL (06)6719-7311(代表) / FAX(06)6719-7351

社是
「幸せ創造会社」

経営理念
多くのしあわせを創りだすことにより
社員がしあわせになり、支持され、
成長する会社になる

オンラインショップ
https://www.e-heads.com

私たちのやっていること　店舗用販促資材企画・製造・販売
テイクアウトバッグ・ギフトバッグ・ギフトボックス・包装紙・
カード・リボン・シール・什器・シーズン、イベント用販促資材の
企画、制作、卸売。オリジナル商品の企画提案、制作（OEM）。

関連会社
HEADS STYLE　大阪府東大阪市加納5-15-21　info@heads-style.com
物流センター／ヘッズDC　大阪府東大阪市加納5-15-21
香港／H.I.HONGKONG　Rm.906,9/F.,Gold&Silver Comm.bldg.,12-18MercerStreet.Sheung Wan,Hong Kong

外部コンサルタントに研修を依頼する

外部のコンサルタントに依頼して理念浸透を手伝ってもらう方法もあります。

外部コンサルタントに研修プログラムを作ってもらい、朝礼にプラスして月1回のスタッフ研修や勉強会などを行い、社是・経営理念・クレドの内容を深掘りしてもらうのです。

先述の社是やクレドづくりを手伝っていただいた小林秀司先生に勉強会をお願いしたことは第2章でお伝えしましたが、それは、「うちはお客様のためになる会社だよ」という社是や経営

CREATE YOUR HAPPINESS
HEADS
社是
幸せ創造会社

経営理念
多くのしあわせを創りだすことにより
社員がしあわせになり、支持され、
成長する会社になる

経営方針

・安定した企業成長と人財の育成
・「売り手によし」「買い手によし」「世間によし」
「地球によし」「未来によし」五方よしの実践
・本気で取り組む
・社会に貢献する
・感謝の心を忘れない

理念を私がスタッフに発信しても限界があると考えたからです。

これは費用がかかりますので、どのタイミングで依頼するかは資金との相談になります。

理念の浸透によって起きる「良いこと・仕方がないこと」

理念の浸透を行う方法をいくつか紹介しました。理念の浸透によって非常にたくさんのメリットが生まれますが「浸透がうまくいかないケース」が発生する場合もあります。

ここではメリット、デメリットについてお伝えします。

メリット：理念の浸透で社内がまとまる

社是を共有して理念浸透を行っていくことで、あなたの会社がひとつの方向性にまとまっていくようになります。

経営者にとっての大きな悩みに「お金」と「人」の問題がありますが、人の問題

＝離職が起こるのは避けられない問題です。「社内の人間関係の悪化」は離職につながる要因のひとつだと思います。

社内の人間関係が悪くなる理由はさまざまですが、そのような会社は基本的にスタッフが「内向き思考」になっています。

自分たちの意識が内側＝社内に向いて、社内での評判や、人間関係が気になる人たちが多い社風になってしまっているのです。

しかし、社是を共有して理念を浸透させていくと、スタッフはだんだんと会社の目的を自覚するようになり、「自分たちが何のために働くか」を理解するようになり、意識が内側から外側に向くようになります。

これを私は「外向きの思考になる」と呼んでいます。

外向きの思考になると、スタッフは自然と「お客様にこういう提案ができないか」「こういう新商品で喜んでいただけるのではないか」と、意識が外側に向くようになるのです。

また、社是などを共有していることで、それぞれのベクトルの先が同じなので、自然と社内での意識の相違が少なくなり、会社としてひとつの方向に進んでいけるようになります。

そうはいっても不平や不満はあるかもしれません。社是などを共有したことで、その内容とギャップのある行動をまったくとらないかというとそうでもありません。それでも、朝礼を通して自ら言葉にすることで、確実に「働く目的」を意識するようになりますし、「社是」という会社の目的からブレなくなって、会社全体としてまとまるようになっていくのです。

メリット：理念の浸透で売上も変わる

次のメリットは、売上が変わることです。

実際、私が知っている洋菓子店でも、社是の導入によって売上が上がっています。このお店では朝番・昼番・夜番とシフトがあるのですが、どのタイミングでも社是と経営理念を全員で唱和してから、勤務に入るようにしたそうです。

社是を唱和するようになって、今まではしていなかったお客様との会話が始まり、関係性がより深くなり、笑顔が増えたそうです。さらには、お客様に対して最大限のサービスをするために、スタッフはお店のすべてのケーキを自ら試食。おすすめのお菓子を自分の言葉で伝えられるようになりました。上司から何か指示される前にスタッフが能動的に動くお店へと変わったのです。

組織の土台づくりをした上で、販売商品にも変化を持たせました。

一般的に洋菓子店の売上構成は生菓子が7割、焼き菓子は3割と言われています。しかし、手間を考えると生菓子は利益率が低いため、焼き菓子に特化したいと考えているお店が大半を占めます。

この洋菓子店は商品構成を見直し、思い切って焼き菓子の割合比率を上げました。それによって、売上は昨年対比110％を毎年達成。以前は1年で離職するスタッフが多かったのですが、定着率も上がり離職者が減りました。

まさにいいことづくめ。お手本になるような事例でした。

「朝礼で社是を唱和しましょう」と言うと、古くさいと感じるかもしれません。しかし、それによって思いのほか早く目標を達成できたり、お客様の評価が上がったり、良いことがたくさんあります。

デメリット：理念に沿わないスタッフも出てくる

理念浸透を進めていく上で、逆に注意するべきポイントもあります。

それが「理念に沿わないスタッフが出てくること」です。

社是や経営理念の浸透を行っていくと、それにそぐわないスタッフが出てくる可能性もあります。そういうスタッフは、みなさんの会社から離れていってしまうかもしれません。

それは仕方がないことだと考えてください。

離れてしまうスタッフが出てきても、経営者のあなたは落ち込まないでください。会社がスタッフを選べるのと同様に、スタッフにも会社を選ぶ権利があるからです。

みなさんは「この会社を本気でよくする」と決断して始めたわけですから、そこでブレてはいけません。

新しい体制にどうしてもそぐわないスタッフが出てきたとしても、それは仕方がないこと。「あなたにとってもっといい職場を見つけて、幸せのためにがんばってね」と送り出してください。それもまた、経営者のつとめだと思います。

理念の浸透が採用の現場でも活きてくる

本章では、社是・経営理念などの策定と、その浸透の重要性を述べてきました。私があらためて理念浸透の重要性を感じたのが、新卒採用のときでした。というのも、私の世代と新卒世代とでは約40年の開きがあります。

私自身が就職活動をした頃の「労働基準法」では、週の労働時間は最長48時間（現在は40時間）。完全週休2日制の企業はほとんどなく、残業は当たり前。未消化の有給休暇の買い取り（給与に上乗せ）もめずらしくありませんでした。

今の法律にあてはめたら、日本全国ブラック企業だらけでしょう。そんな時代に生きてきた私が、就職・転職先を探すときに見ていたのは給料や手当、ボーナス、休日などの条件面でした。

定年まで働く終身雇用の考えが根強い時代でしたので、一度入社したら、労働条件が合わなくても簡単には辞められません。応募・面接時にしっかり確認しておく必要があったのです。

また、モノがない時代に育っていますので、とにかく「物欲」がありました。免許を取って車を買いたい。いい腕時計が欲しい。おいしいものを食べたい。そしてお金が欲しい。

こうした物欲が原動力となって、「残業が多くても給料が増えるのなら、それも悪くない」と考えていたのです。おそらく、働くことが物やお金に直結していたのは私だけではないでしょう。

ところが、今の世代は違います。モノが有り余る時代に育っているので、まず、物欲がありません。車やブランド品に関心が薄く、ファストファッションである程度満足し、給与に対してもガツガツしていない印象です。

給料や休みなどの条件面より、社風や理念がどうなのか、意識するところがまるで違うのです。

つまり昭和時代のように「給料だけでは動かない」時代だからこそ、きちんと「理念」を掲げることが大切です。そういう意味でも理念をしっかりと策定して本当によかったと感じています。

「幸せ創造会社」を企業理念として掲げ、その意味が腑に落ちている今、私にとってスタッフは家族同然です。新人が育つまでの3年ぐらいは辛抱して見守り、それ以降は成長を信じて任せることができるようになってきました。

実際、スタッフとの年齢差が親子ほどになってきたのも、功を奏しているのでしょう。まさに親の気持ちで、若いスタッフの成長に期待しています。

また、定着率が上がってきたことで、採用にかけていた予算を、在籍しているスタッフのために使えるようになりました。

スタッフを基軸に考えたことで、手前味噌ながら小さな魅力がいくつもある会社に生まれ変われたと自負しています。

企業が学生を選ぶ時代は終わり、今後はますます学生が企業をシビアに選ぶようになるでしょう。そんなとき「この会社で働きたい！」と思ってもらえなければ、応募もしてもらえません。

そういう意味でも、社是・経営理念・クレドの策定はとても重要なのです。

これを機会に、みなさんの会社の社是・経営理念・クレドを見直すきっかけとしてください。

ピンチを切り抜けられたのは、想いの強さと、周囲の人たちの力

25年ほど前、得意先が倒産して800万円の売掛金を回収できなくなったことがあります。こちらはそれを見込んで支払い計画などを立てていたので、さあ大変。銀行に事情を話し融資をお願いしても、門前払いで取り付く島もありません。

「何か手立てはないか……」と頭をフル回転して考えたとき、ふと、ある社長から教えてもらった、政府系の経営セーフティ共済（中小企業倒産防止共済）を思い出しました。急いで調べると、掛金の10倍まで貸してくれるとのこと。私は当時毎月5万円、すでに16カ月掛けていたので、ちょうど800万円借りることができ、なんとか事業を続けることができました。

「ほんまにツイてたなぁ」と思っていましたが、ある人から「ツキだけではないよ。同じことを教えてもらっても実行する人としない人がいる。暮松さんは資金繰りがしんどい中で毎月5万円掛けていたからピンチを乗り越えられた」と言われたのです。たしかに私は、やるかやらないかで迷ったときは「とりあえずいっぺんやってみよう」と思って始めてみることを選択してきました。


また、私が個人事業主だった頃のことです。ダメ元で大手企業へ営業したことがありました。

「せっかくのチャンス、やらないよりやって後悔しよう」そんな当たって砕けろの精神でアタックすると後日、その企業から取引OKの連絡。担当者の対応にも感謝しましたが、個人事業主の私に対して、口座を開いてくださったことも幸運でした。

これも振り返ってみると、「幸運」の一言では片づけられないでしょう。周囲の支援がなければ、成し遂げられないことでした。


私はこれらの経験から、自分の想いの強さと、何より周囲の人たちの力添えがあってこそ、ピンチを切り抜けられるのだと感じました。

あれから数十年経ちましたが、現在でもこの2つの精神を持ち続け、その大切さを後進たちに伝え続けています。

第 4 章

よい社風をつくるための「環境づくり」

ヘッズの社是・経営理念・クレドを制定し、浸透させていったことで社内が活性化し、離職者も大幅に減りました。

その上で「スタッフがより幸せを感じられる社風をつくりたい」と考え、さまざまな環境づくりを実践したところ結果的に社員の満足度が向上し、売上も右肩上がりになっていきました。

第4章では具体的にどんな環境づくりをしたのか、お話をしていきたいと思います。

よい環境づくりが「社風」をつくる

みなさんの会社の「社風」はどんなものですか?

たとえば、「リモートワークなので、社員同士のやり取りは基本チャット。会議はほとんどオンラインが多い。だから服装も基本的に普段着。やりとりは役職に関わらずフラットな会話が多い」という場合もあれば、一方で「工場で作業をすることが多いので、作業着が基本。日々朝礼と終礼があり、基本的にトップダウンの指示系統がある」という場合もあるでしょう。

たった2つの例を挙げただけでもこれだけ状況は違います。価値観や理念もおのずと変わるでしょう。

社風とは、その会社全体の価値観や理念・信念などを通して生まれるスタッフの笑顔やコミュニケーション、ひいてはお客様に対応するスタッフのこまやかな気遣いなど、いわば会社のオーラのようなものです。良い社風によって、社員は働きやすくなるでしょう。そのためにも、理念の浸透と並行して、社内の環境を整え独自の〝社風〟をつくっていくことが大切です。

当社の場合、「社員が働きやすいか」「スタッフのコミュニケーションがとりやすいか」ということを念頭に置き、スタッフの視点で、職場の環境づくりを進めました。

気をつけたのは、「福利厚生や条件面の一環」として、決まりきった環境づくりをしなかったことです。経営者がスタッフの日常や幸せを本気で考えているかどうかは、スタッフにもすぐに伝わります。

「うちの社長は本気で自分たちのことを考えてくれている」ことが伝わると、モチベーションアップにつながり、気持ちよく働ける環境が整えば、愛社精神も育まれるでしょう。

社風の向上は、「自社を好きなスタッフ」を増やし、やがては会社全体の雰囲気の向上につながっていきます。

本来、会社とはよりよい環境でよりよいサービスを行い、お客様の幸せを実現していく大切な場所。その場所を心地よくしていくのは、経営者のつとめのひとつとも言えます。

環境づくりのキーワードは「風通しのいい職場」

環境づくりの目的はいったい何でしょうか？

私はそのひとつが「風通しのいい職場」をつくることだと考えています。ここでいう「風通しのいい職場」とは、指示待ちではなく、先輩や上司、経営者とも気軽にモノが言い合え、誰とでもコミュニケーションが取れるような職場です。私はこのような関係性を「フラットな関係」と言っています。

もちろん、年齢や社歴、先輩・後輩、役職などの上下関係、社会人としての礼儀や敬意は大前提として必要ですが、だからといって「上司に反論してはいけない」「意見があっても言ってはいけない」「指示命令に従わなければいけない」といった暗黙のルールがあると、コミュニケーションがうまくとれなくなります。

スタッフが上司に対して進言できなかったり、心を開けなかったり、本音を言えなかったりすると、不満や悩みが溜まりやすくなります。これでは、風通しのいい職場とは言えません。

目指すべきはフラットな、上下関係を感じさせない付き合い方です。それによって社内のコミュニケーションが円滑になっていきます。

環境づくりにはお金がかかる方法とかからない方法がある

具体的にどういった環境づくりをしていけばよいのでしょうか。

そもそも環境づくりには大きく分けて「お金がかかる方法」と「お金がかからない方法」があります。

まずは、お金をかけずにすぐにできることから始めてみましょう。

その方法で環境が良いほうに改善したら、少し時間がかかる方法や、お金がかかる方法を試していくとよいでしょう。


環境づくりのキーワードは「心地よい空間をつくる」ことです。

社会の変化から、現在はリモートワークとオフィス出社の両方で業務を行っている会社も多いでしょう。「オフィスに出社する社員が減ったから、オフィス環境はそれほど充実させなくても……」と考える経営者がいるかもしれません。

しかし、社員が働き、集う場である会社の環境を良好に保っておくことは社員同士のつながりや、会社に対する意識を向上させる意味でもとても重要だと考えます。

まずは「お金がかからない」環境づくりにおいて、具体例をいくつかご紹介します。

社是・経営理念・クレドを唱和する朝礼の実施

第3章でくわしくお話ししましたが、朝礼はお金のかからない環境づくりとして最適な方法です。

用意するのは、社是やクレドが書かれた紙のみ。特別お金がかかるものではありません。あとは、毎朝スタッフ全員で唱和していくだけ。朝礼を続けることで、目指すべき方向が明確になり、心をひとつにすることができます。

まだ朝礼をしていない会社の場合、まずは朝礼から取り入れてみてはいかがでしょうか。

「毎朝10分の掃除」をみんなで行う

次に取り入れたいのが、「掃除」です。それも大がかりなものではありません。10分程度の掃除をみんなで行うのです。

掃除の目的は、「きれいなオフィスをつくること」。きれいというのは何も設備が新しいとか、インテリアがスタイリッシュだという意味ではありません。清潔にしている、掃除が行き届いている、という意味です。

掃除は「一部の人が行う」のでは意味がありません。社長、部長といった役職者に関わらずみんなで一緒に行うようにしましょう。これは、「スタッフはみな同じ仲間、横一線である」という感覚を持つ意味でもとても重要です。

みんなで一度きれいにした環境だと「汚さなくなる」というメリットもあります。以前当社では、あえて床を白にして、汚れが目立つようにしました。

しかし、毎日の掃除が習慣化したことで、汚れが目立つことを確認する必要すらなくなりました。

掃除は基本的に毎日10～15分程度行うようにしましょう。

最初のうちは汚れがひどい部分もあり、時間をかける必要があるかもしれませんが、毎日行って習慣化していけば、やがてそれほど汚れなくなり、時間をかけなくても済むようになります。

また、掃除する場所は「みんなが使うすべての場所」で考えます。

自分のデスク周りだけではなく、床や窓、各種キャビネット、照明回り、トイレや階段、お客様をお迎えする場所や会社が道路に面しているなら、入り口付近や目の前の道路に落ちているゴミも掃除しましょう。社内のみんなが毎日8～10時間いる場所がきれいになれば、気持ちのよい環境で仕事をすることができます。

1週間ごとに場所をローテーションするような担当制にすれば、特定の誰かだけが特定の掃除係にはなりません。場所をリストアップし、曜日を決めて行うようにしましょう。

掃除が終わったら、最初に紹介した朝礼を15分ほど行います。「掃除→朝礼」の順番です。

ちなみに、掃除の開始は必ず始業してから行うようにしましょう。掃除は社内の環境づくりのひとつ。中には始業前に出社して準備をしたいスタッフもいるかもしれませんので、それは個々の意識やスケジュールに合わせて自発的にしてもらって構いませんが、あくまで全体の掃除は「業務時間内」に行うようにします。

繰り返すようですが「みんなで会社をきれいにする」という意識を社員に持ってもらうためにも、開始時間も意識したいものです。

「お金がかからない」掃除ですが、その効果は大きなものがあります。

掃除することで、片付けなければならない置きっぱなしのダンボールや、本来そこにはないものが目についたり、動線上に置かれたものに気づいたりすることがあります。そのタイミングで整理整頓もしてしまえるので、散らかる前に片付いてしまいます。

また、「会社で掃除の習慣がついたことで、家の乱雑さが気になって……定期的に掃除をして、家の中もきれいになりました」というスタッフもいます。

掃除の習慣がついたことで、服装にも気を遣うスタッフが増えたように思います。以前、倉庫とオフィスが一緒だったときと比べると、「きれいなオフィスに合う服装でいたい」と思うのかもしれません。

きれい好きなスタッフがたくさんいる。これもまた、当社の社風のひとつといっていいでしょう。そういう意味で、良い環境はスタッフの「生き方」にも影響を与えていると思います。

小さくてもいいからスタッフ個々にロッカーを用意する

初期投資に少しだけお金がかかってしまいますが、一度用意すればずっと使える環境づくりとしては、「個人用のロッカーの設置」もおすすめです。

みなさんの会社やお店がどのようになっているかはわかりませんが、もし可能であれば、スタッフの着替えや荷物を入れるロッカースペースを作ってください。新たにエリアを作ってロッカースペースにするのでもいいですし、勝手口付近など既存のエリアの一部に作っても構わないと思います。

「そんなスペースはうちにはない」という場合は、上下二段のロッカーもあります。10人前後の組織であれば、さほど場所を取りません。

そこに、仕事に必要のないものをすべて入れる、着替えが必要であれば制服と私服を入れ替える、靴を履き替える……そうすることで、スタッフ自身、気持ちのオンとオフの切り替えができるようになります。もちろん、仕事に必要のないものをオフィス内に持ち込まないようにすることもできます。

ちなみに当社では、机の個々のサイドキャビネットをなくして、スタッフ全員にミーティングバッグ（A3ファイルが入るくらいのボックス型の収納カバン）を提供しました。そこに必要な文具類やカタログを入れるようにしているのです。これは、机の上にできるだけモノを置かない工夫でもあります。

キャビネットがなくても、意外と業務はできます。それどころかいつもそのカバンに収納すればよいので、片付けも便利なようです。

すでにロッカールームがあるのであれば、前述したようにこの場所も掃除をするようにしましょう。意外とロッカールームも汚れるもの。社内全体を気持ちの良い場所にすることが大切です。

上履きで仕事をする

掃除の習慣と同時にぜひやってもらいたいのは、上履きで仕事をすることです。現在、スタッフ約80人が上履きで過ごしています。これも先ほどのロッカールーム同様、靴を履き替えることでオンオフの切り替えにもなります。

また、靴の裏は外の汚れを持ち込むだけでなく、細菌やウィルスまで持ち込むとも言われています（諸説あります）。社内を衛生的に保つ意味でも上履きで過ごすことは一定の意味があるでしょう。

なにより社内を上履きで過ごすようにすると、それだけで1年も経てば会社の汚れ具合はかなり変わります。汚れがつきにくいため、掃除も楽になるでしょう。

ロッカーはスペース的に難しくても靴箱を設置できるのであれば、上履きを用意して、外出するときと社内にいるときで履き替えるようにするといいでしょう。靴箱・上履きを購入するくらいの費用はかかってしまいますが、そのコストで得られるパフォーマンスは高いと思います。

バースデー・カードをスタッフ全員に送る

それほど費用がかからずできることでおすすめしたいのがスタッフに「バースデー・カード（誕生日カード）」を書いて渡すことです。

私はここ10年ほど、全スタッフにバースデー・カードを書いて渡すようにしています。毎年、違うメッセージを添えたバースデー・カードをスタッフ一人ひとりの誕生日に渡していますが、年間50～80枚ほどを書いてきたので、もう１０００枚近くになりました。

みなさんも経験があると思いますが、手書きのメッセージって捨てられませんよね。どんなに字が下手でも、やはり手書きの文面というのは心が伝わります。１枚１枚書くのは大変なことですが、社員とフラットな関係を築くためにも、ぜひ実践してください。

バースデー・カードはどのようなサイズのモノでも構いません。名刺サイズもあれば、はがきサイズのものもあります。自身が気に入り、また「これなら全員分書ける」というものをぜひ贈ってみてください。

さらに、予算が許すようであれば、バースデー・カードとともにプレゼントも用意するといいでしょう。私は毎年違ったプレゼントを渡すようにしています。

ある年はお付き合いのあるお花屋さんと連携して、フルーツが実る植物を送りました。「植物を育てて、フルーツを楽しんでね」という想いを込めたのです。

またある年は、ホーロー製の「ぬか床」を贈りました。こちらも「発酵食品を食べて健康になりますように」という想いを込めたのです。ささいなことかもしれませんが、「いつもあなたのことを見ているよ」というメッセージが伝わるものとして、検討していただければと思います。

委員会を発足させ、スタッフ同士の交流をはかる

環境づくりの一環として、社内委員会を発足させるという方法も考えられます。委員会の目的は、スタッフがより働きやすい環境をつくることにあります。たとえば、当社では5つの委員会があります。

・イベント委員会

スタッフ同士の理解を深めるためのイベント関係の企画運営と社内報制作を担当。

・植物委員会

観葉植物の状態確認、見回り。屋上にある菜園の管理。

・健康衛生管理委員会

社内美化、健康衛生、心のケアを担当。健康に関するイベント企画も行う。

・人財育成委員会

残業削減に対する働きかけや、スキルアップのための勉強会開催、人財育成を行う。

・社会貢献委員会

寄付や募金などの社会・地域に貢献する取り組みを行う。

これらは一例ですが、委員会があることによって部署間を超えた交流がはかりやすくなり、親睦を深めるいいきっかけになっています。

この委員会加入は、入社3年目から役職までのスタッフは全員参加としています。各委員会への割り振りは個人の希望をベースに、現在は現場に近いリーダー層がスタッフのバランスを考えながら割り振っています。これは「順繰りにいろいろな委員会を経験してもらう」ことと、「社員全員と顔を合わせてもらいたい」という意図があります。

実際、植物委員会に入ったあるスタッフは、これまで植物を育てることに関心がなかったものの、いちごを育ててみて「今日は色がついているかな?」と植物の成長を見るのが楽しみになったと言います。

ユニークな取り組みを行っているのが、健康衛生管理委員会です。普段は社内の衛生委員として2カ月に1回の産業医との打ち合わせや健康だよりの発刊、社内美化に関する取り組みをしているのですが、メンバーの働きかけで「ウォーキングチャレンジ」を2023年4月に行いました。

ウォーキングチャレンジとは、1カ月の歩数をスマートフォンでカウントしていく、というシンプルなものです。健康増進の一環として取り組みました。

毎日3万歩も歩いたスタッフや(大型犬の散歩が距離を押し上げたようです)、これをきっかけに2駅分歩くようになったり、夜ジョギングを始めたりしたスタッフもいます。毎日の歩数を登録していくと、ほかのスタッフの歩数も同時に確認できるので、スタッフ同士競いながら、楽しみながら健康のためのウォーキングができたようです。

最も歩数が多かった人はもちろん、私の歩数のニアリー賞、さらには毎日

8000歩以上歩いたスタッフにはもれなく賞品をつけたのもみんなのやる気に火を付けたようです。強制参加にはしていませんが、結局ほとんどの人が参加しました(笑)。

社会貢献委員会では、スタッフの各家庭で不要になった衣類を回収し、慈善団体への寄付活動などを行っています。社会貢献委員会に属したスタッフも、活動を進めていく中で「社会問題を身近に感じるようになり、自分でできることはないか、探すようになった」と言います。

イベント委員会では、社内で数あるさまざまなイベントのほかに、年4回以上の社内報発刊と、月1回の映画会を開催しています。毎回月替わりのため、映画会を楽しみに待っている社員も多いようです。

人財育成委員会では、スタッフの個々のスキルアップや自己研鑽のための勉強会を開催。システムの知識、税やお金に関することまで幅広く企画してくれていて、毎回参加者に好評です。

なお、これらの委員会の打ち合わせなどは、すべて就業時間中に行っています。

そのため、スタッフも積極的に活動できるのだと感じています。

スタッフのみんなが生き生きとして委員会活動をしているさまは、とてもいい雰囲気です。

みなさんの会社で委員会をつくるのが難しい場合は、総務を中心にイベントの企画、開催から始めてみるのはいかがでしょうか。ウォーキングイベントは費用や手間もそこまでかからないわりに、意外と盛り上がります。イベント期間中はスタッフ同士、歩数をどこまで伸ばせるかについてあちらこちらで話をしているのを見かけたくらいです。

食事会やイベントを定期的に開催

スタッフ一人ひとりとゆっくり話す機会を設けるのもまた、よい環境づくりにはとても重要です。

少しお金がかかってしまいますが、当社では食事会を定期的に行っています。私を含めた4人という少人数で、お酒や食事を楽しみながら仕事のことや、それ以外のことをざっくばらんにおしゃべりする。そんな形です。

昨今では、こうした食事会を嫌がる社員も多いと聞きます。しかし、当社の場合は「食事会、楽しみにしてます！」と話す社員もいるほどです。

おそらく、バースデー・カードや朝礼などで関係性を築いたこともあり、社員が「上下」の上司と部下としての関係性ではなく、「横横」の人のつながりだと感じてくれているのでしょう。

ちなみに、京セラの稲森和夫氏が編み出したコンパ（飲み会）の手法を紹介した『稲森流コンパ　最強組織をつくる究極の飲み方』（北方雅人、久保俊介／日経BP）という本によると、コンパは「全員参加」が前提条件で、テーマを決めて議論し、本音で生き方を語るそうです。そして、そういった稲森流コンパを開催することで人間的に成長し、組織を強固にすることができるそうです。

そういう意味でも社員と語らう時間はとても重要です。お酒の場が苦手な社員がいたら、食事会やちょっとしたお茶会でも構いません。社員と楽しく過ごせる時間をつくることを考えたいものです。

こうした食事会のほかに毎年、忘年会を開催しているのですが、こちらも一味違っています。

「仕入れ業者さんをご招待して、楽しく過ごしてもらう」をテーマに、仕入れ先に感謝を伝える「ハッピーサンクスデー」にしているのです。

スタッフと仕入れ先を含めた総勢100人あまりの人が一堂に会し、食事はもちろん、イベント委員会が中心となり、クイズやダンス、音楽をかけたり、漫才をしたりして楽しい時間を共有します。

私は、スタッフだけでなく仕入れ先とも「一生付き合おうよ」というスタンスで仕事をしています。その思いを感じていただくためにも、こうしたイベントを開いているのです。

仕事を離れて、ときに思い切りスタッフとの時間を楽しむ。それもまた大切なことなのではないでしょうか。

家族への情報発信を行う

環境づくりの部分で、欠かせないのが「スタッフの家族」へ日々の感謝を伝えることです。大事な息子・娘、あるいは自分の夫や妻が「どんな会社で働いているんだろう」とご家族は気になっているはずです。

そこで、ヘッズの商品のカタログが出るたびに、ご家族にもカタログを送っています。カタログのモデルにスタッフを起用していることもあり、「あ、これうちの娘が写っている」という喜びを味わっていただきたいと思っています。

カタログを、単に商品を流通させるツールとして使用するだけではもったいない。カタログをレイアウト、制作するのもスタッフの仕事。カタログを通じて仕事ぶりを見ていただきたいな、と思っているのです。

「家族への情報発信」という意味で、当社では時々、「参観日」を設けています。これは、会社を開放して、社員の働きぶりを見ていただく、というものです。

とくに新卒入社の親御さんは、「どんな職場なのか」「どんな仲間や上司がいるのか」と心配されている部分もあるでしょう。

そこで、社内をぐるりと見ていただき、お話をしながら最後には社員食堂で食事をして、夜にはお酒を飲んで語らう……この参観日を私はとても大事にしています。

ちなみにスタッフのお子さん向けには夏に「職場体験日」を設け、会社で普段お母さん、お父さんがどんなお仕事をしているのか体験できるイベントも開催しています。

会社の規模感や都合もあるでしょうから、必ずしもこれが正解だとは思いません。しかし、ご家族に「自分が働く姿や働く場所を見てもらう」のは、社員にとってもうれしく、また誇らしい気持ちにもなるのではないでしょうか。

会社をできるところから開放し、ご家族にも知っていただく機会を設けるのは大事だと思います。

「メッセージ色紙」でスタッフの元気出るメッセージを飾る

ほとんどお金をかけずにできる環境づくりもありますので、お伝えしておきましょう。

それが、「みんなの好きな言葉を掲示する」ことです。これは当社で行っているものですが、1階から屋上までを貫く5階層の階段の壁一面に、スタッフそれぞれの好きな言葉を英語表記でプリントしています。英語にしたのは、カッコよく見え

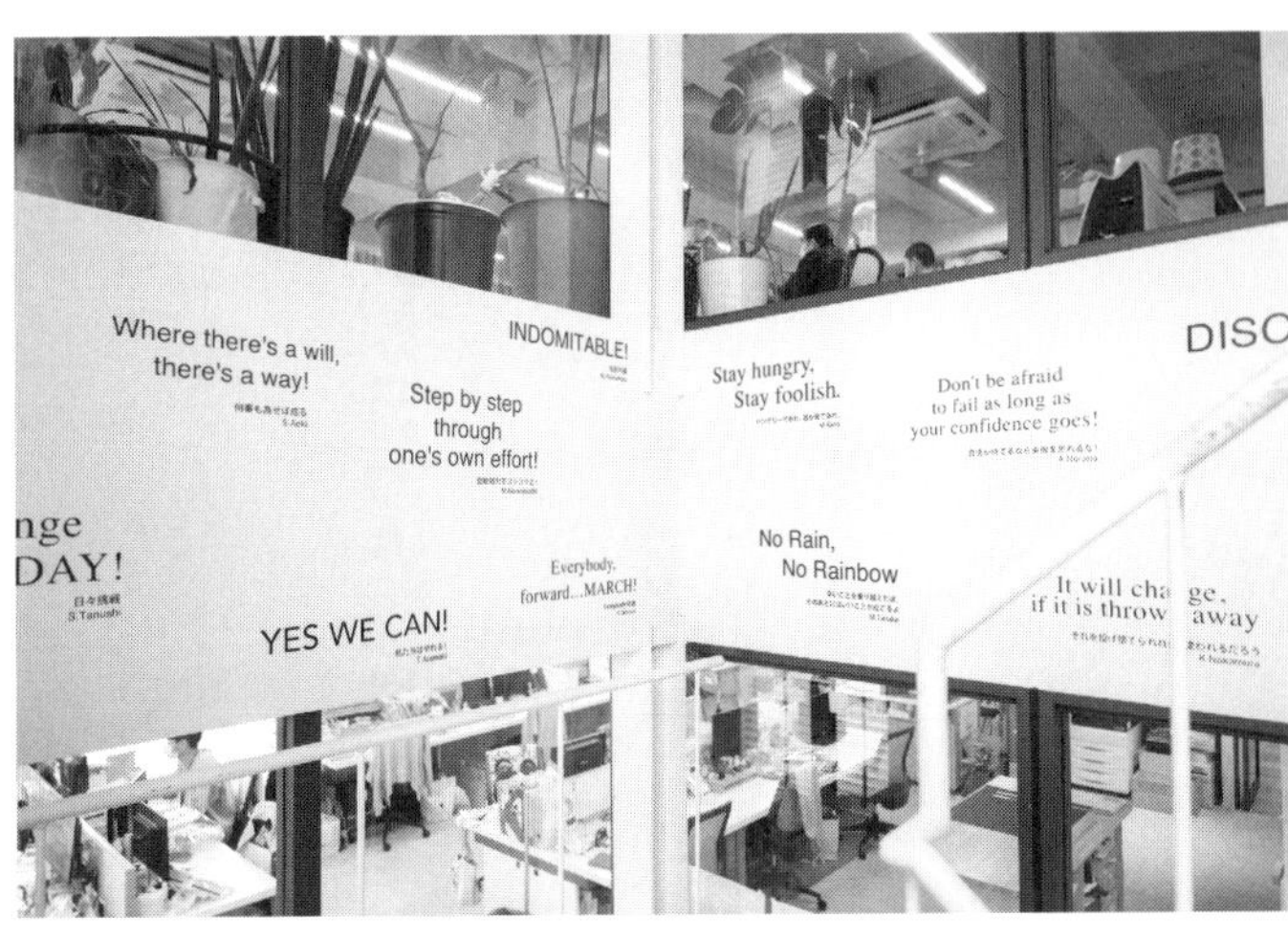

るからです。

その内容は、「Never give up!（努力を諦めない）」や「Always happy, always positive!（いつでも楽しくいつでも前向き）」などさまざまです。

お店がテナントであれば、壁に直接書くわけにはいかないと思いますので、色紙を買ってきてスタッフに一筆書いてもらうのもいいでしょう。

言葉は、元気になるメッセージのほかにも「仕事への想い」や「大事にしている哲学」など、何でもいいと思います。自社にふさわしいテーマを経営者が考え、書いてもらってください。

みんなのメッセージを貼り出すのと同時に、社是や経営理念や経営方針、クレドを額縁に入れて飾るのもおすすめです。建物の仕様によってやり方はさまざまですので、自社の環境に合わせてアレンジをしてみてください。

ヘッズが行った環境づくり

よい環境づくりに効果があるさまざまな方法をお伝えしてきましたが、本章の最後に当社イチオシの環境づくりについて紹介させてください。

私は起業して間もない頃から「いつか社員食堂を作る」と考えていました。まだスタッフが1人もいない頃、私はそんな夢を描いていたのです。

それから10数年が経った2015年、本格的に社員食堂の検討を始めました。

私は常々「おいしいご飯を食べることが幸せに通じる」と考えてきました。「幸せ制作会社である当社が、食の幸せをスタッフに提供できたらどんなにいいだろう。ただ、毎日同じ内容の定食は嫌だな。健康的なメニューでみんなが笑顔になってくれるものがいい……」考え出すと自分でも驚くくらい、次々とアイデアが

出てきました。

知らず知らずのうちに社員食堂への想いが募っていったのかもしれません。

あれこれ考えているうちに、私は無印良品が手がけているＣａｆé＆ＭｅａｌＭＵＪＩ（ＭＵＪＩカフェ）のような雰囲気の社員食堂を作ることにしました。

次に考えたのが社員食堂の場所です。社屋に作ることも検討しましたが、もっと雰囲気を変えてみんながリラックスできるような場所がないかなと思っていると、会社から歩いて2分ほどにあった喫茶店が廃業したというのです。見に行ってみると、広さもちょうどよく、設備もある。また会社から歩いて2分という距離も、リフレッシュするにはいいなと感じたのです。

「それならここを社員食堂にしよう!」と、床も壁もテーブルやいすに至るまで、全面改装を行いました。

とくにこだわったのがテーブルです。会議室で使うような長方形のテーブルだと、相手と向かい合ったとき正対になってしまいます。真正面に相手がいると意外と緊張してしまうもの。そこで私は、たまご型のようなテーブルを自分でデザインし、特注で業者さんに作ってもらいました。

できあがったテーブルは、いすに腰掛けると同席者の顔がまんべんなく見え、かつ正対しない仕様になっています。

メニューにもこだわりました。日替わりメニューと毎日変わるカレー(私はカレーが大好物なのです!)があり、ビュッフェ形式で自分の好きな食材を好きな量、自由に食べられます。

食事メニューは神戸にある企業「みらいたべる」さんにご協力いただき、30品目の食材を使ったレシピを毎日考えてランチを作ってもらっています。

できあがった社員食堂を「ヘッズ・ダイニング」と呼んでいます。

ダイニングで、楽しくおしゃべりをしながら食事をしている社員を見ると、こちらまで気持ちがあたたかくなります。現在では、採用の最終面接時に学生を社員食堂に案内し、実際に食事をしてもらっています。あとで話を聞くと「ダイニングを見て、より入社したいなと思いました」と言う学生も多いのです(笑)。

社員食堂や昼食をとれる休憩室がすでに備わっている会社もあると思います。その際は、ぜひ「テーブル」にこだわってみてください。たまご型のテーブルでは、自然と「食卓を囲む」ような雰囲気になり、自然と会話も弾むもの。社員同士楽しいコミュニケーションが取れることで、午後からの仕事もスムーズになる気がしています。

会社でいる時間を楽しくする工夫をこらした

ダイニングをきっかけに、よりいっそう「会社にいるときに、幸せでいられる時間を増やしたい」と考えるようになりました。

そこで新たに作ったのが「シエスタルーム」です。当社は、1階がショールーム、2階3階がオフィスですが、4階にシエスタルームを作りました。眺めも日当たりも一番いいロケーションがシエスタルームです。

シエスタとは、昼寝のこと。実は、私自身が少しでも昼寝をすると午後からの仕事がスッキリはかどるので、ぜひスタッフにもすすめたいと思ったのです。

ちなみに、厚生労働省から出ている『健康づくりのための睡眠指針２０１４』でも「午後の早い時刻に30分以内の短い昼寝をすることが、眠気による作業能率の改善に効果的」と言われています。

シエスタルームは、横になれる空間で、クッションや本などを置いて社員みんながゆっくりくつろげるような心地よさを意識しました。

「午後の仕事がはかどるようになった」「眠気をこらえて仕事しなくてよくなった」と反応は上々です。

また、木を基調とした屋上には藤棚を設置し、夏にはバーベキューなどのイベントができるようにしました。

スタッフが会社の建物を丸ごと楽しめる。そんな想いで環境づくりに力を注ぎま

した。

環境づくりを進めた結果、社内はこう変わった

「スタッフがより幸せ感を持って働いてもらえるように」と進めてきた環境づくりでしたが、ほかにもこんな取り組みをしています。

当社では2年に1回、研修旅行があります。毎回学ぶテーマを決めて行くのですが、その際スタッフだけではなく、ご両親やお子さん、旦那さん、奥さんも参加可能にしています。スタッフの旅費は会社が全額負担、家族分は4割だけ会社が負担します。それでも毎年大勢のご家族の方々が参加してくれます。

さながら大所帯の家族旅行の雰囲気で、楽しみながらひとときを過ごします。この取り組みも、スタッフ同士の仲を深める一助につながっています。

スタッフの「会社以外」の顔を知ることで、良い効果を生み出しているのが、産休・育休明けの働き方です。当社は、復帰後の勤務時間はスタッフ自身に決めても

らっています。そのため、9時~16時の時短勤務で働く人もいれば、10~17時の人もいます。またお子さんが大きくなってきたら、フルタイムで働くといった選択も可能です。

時短勤務であっても、各部署の事業計画が決まっており、自身が何をすればいいいかが明確なので、時間の短さは問題になりません。一緒に働くスタッフも「お子さんがいたら時短勤務は当たり前だよね」というスタンスなのです。

急な病気で保育園から電話がかかってきても「早くお迎えに行ってあげて」「明日は休んどき」というやさしい助け合いの精神が根付いているように思います。

当社はお子さんを持って働くスタッフが多く、4人の子どもを育てている女性もいます。

こうしたママさんスタッフは「私の子どもが小さいときは周りに助けてもらったから、今度は私がお返ししたい」という気持ちを持っています。そのため、自然と子育てしやすい環境が育まれてきたのでしょう。

そうした先輩ママたちがいることで、若い世代に対しても「子どもを産んでもあんな風にバリバリ働きたい」「仕事も家庭も両立したい」といういい刺激になっているようです。これもまた、当社の良い社風だなと感じています。

環境づくりによってスタッフ同士の信頼関係が構築されているため、業務で必要なことはオープンに指摘できる、という特徴もあります。

勤務時間が人によって異なるため、朝礼中に出社するスタッフもいます。その際、階段での私語が朝礼の妨げになることがありました。そこで、スタッフの1人が「朝礼が行われているため、階段での私語は慎むようにしましょう」という声かけをし、改善へとつなげました。こまかいことですが、こうした小さな点から一緒にクリーンナップし、よりよい職場環境にスタッフみんなが参画しています。

こういった取り組みを行っていても、スタッフからしたら、仕事に対する不満はゼロではないでしょう。中間管理職とスタッフとのコミュニケーションがギクシャクする場合もあります。

しかし、ありがたいことに会社や個人に対する大きな問題は起こっていません。それはやはり「仕事」だけでつながるのではなく、「人」同士がつながっているからだろうと感じています。そういう意味で、環境づくりのメリットは、スタッフ同士の絆を深めることにあるのかもしれません。

多少はコストをかけてでもスタッフのための環境づくりを

本章では社内の環境づくりをテーマにお話ししてきました。

繰り返しになりますが、環境づくりはお金をかけずにできるものもあれば、お金がかかるものもあります。それは経営者にとっては痛いところもあるでしょう。

ほかにも、お金をかける環境づくりには次のようなものがあります。

- **業務内容に合わせた仕事のしやすいデスクを導入する。**
- **観葉植物などの「グリーン」を今よりも増やす。**
- **オフィスを改装、または移転する。**

これらはタイミングもありますので、まずはできるところから始めるといいでしょう。

ちなみに当社の場合、ロッカールームや仕事のしやすいデスクの導入といった業務に直接関わる部分に加えて、エレベーターやドレッサールーム（化粧室）、前述したシエスタルーム（お昼寝部屋）などを用意しました。

各階のトイレはすべてデザインが異なり、ドライフラワーで飾り付けがされ、アロマも置かれていて、とてもオシャレです。広くて清潔なので、「ここに住みたい」と言っているスタッフもいるくらいです(笑)。

これらは私が35年前、たった1人でシャッター付きガレージで会社を立ち上げてから今日まで、経営をしてきた中で、スタッフのためにできることを考えた結果のひとつにすぎません。ですから、すべてを同じようにしてください、というわけではありません。

しかし、アクションを起こせば、良い環境づくりをできる会社は実はたくさんあると思っています。「何から手をつけたらいいかわからない……」という経営者もいるでしょう。そこで、おすすめしたいのが「ご自身が心地いいな」と思ったものをメモすることです。

訪れたお店や、飲食店、あるいは会社を見て「素敵だな」「いいな」と思ったものは、会社の環境づくりに活かせるタネとなるからです。

そのタネを手掛かりにして、環境づくりを進めていってみてください。

スタッフは、お客様の幸せを創る役割があります。そのために、会社は社員の幸せを創る役割があります。

大切なのは、「社員の幸せ」を基準に「今、何ができるか」を経営者がよく考え、実行していくことです。人的、物理的に環境づくりをしていくことによって、会社の建物自体が居心地の良いものになります。そうすることで、全体の士気も向上していく、いわば相乗効果を生み出します。

こうして振り返ってみると、会社の環境づくりを通して「私が快適だと思う住まいをつくった」のだと感じました。

とにかく、自分がリラックスして過ごせるような環境に変えた結果、スタッフもまた心地よく仕事ができるようになったのです。

そういった心地よさは、人間関係にも良い影響を与えるのでしょう。当社のスタッフは、休日でも一緒に遊びに出かけたり、買い物に行ったりとプライベートでも仲良くしているようです。これもまた、スタッフの幸せのひとつ、といっていいでしょう。

みなさんは今、心地よく仕事ができていますか?

もしそうでないのなら、ぜひ「できることから」環境づくりを始めてみてほしいと思います。

第 5 章

「人を大切にする経営」で変わった小さな企業たち

第4章は、環境整備についてお伝えしました。

理念浸透、環境整備といった「人を大切にする経営」に転換した結果、ヘッズもおかげさまで、お客様から多くのお仕事をいただけるまでになりました。

実はそうやって変わったのは、当社だけではありません。本章では、実際に「人を大切にする経営」を導入し、あるいは切り替えたことによって良い社風づくりができた、売上が上がった、会社が成長した、といった大きな変化があった企業を紹介します。

他社事例を学び、自社にとってのベンチマークにする

小さなお店・会社を経営する経営者にとって、自身がプレイングマネジャーとして奔走する現状では、なかなか経営や組織改革のための勉強時間を取ることは難しいかもしれません。

しかし、他社の成功事例を学ぶことは、それだけで立派な勉強になります。あなた自身、共感ができたり、ベンチマーク（基準や指標）できる例が見つかったりす

ると思います。

ここで紹介するのは、次の4社です。

- **なかよしくっく保育園**
- **ヒグチ鋼管株式会社**
- **ヨリタ歯科クリニック**
- **株式会社ベル**

それぞれの会社にそれぞれのドラマがあり、スタッフ目線の組織に変わるきっかけがありました。さらに今回、私がこの4つの会社を訪問してみて感じたのは、以下の共通点がある、ということです。

- **会社がきれい（清潔で掃除が行き届いている）**
- **人が明るくて社員の対応がいい**
- **なんとなく良い社風・オーラを感じる**

・「端から端まで」の想いがある

4社の事例を通してみなさんの琴線に触れるものを見つけていただきたいと思います。

保護者支援から保育士支援にシフトチェンジした「なかよしくっく保育園」

1社目は、大阪府堺市中百舌鳥（なかもず）に所在を置く小規模保育園、株式会社マザーグースの「なかよしくっく保育園」です。

2008年設立。なかもず園と5年前に開園した金岡園の2園で職員32人。うちパート職員が23人という、正職員よりもパート職員のほうが多いスタッフ形態で運営しています。

今回、園長の倉園安子さんにお話を伺いましたが、もともとは現在のような「保育士支援」の保育園ではなかったと言います。

「約15年前にこの保育園を作ったとき、経営のことは考えておらず『保育園をしたい』という気持ちが先に立っていました。どちらかというと保護者支援の気持ちが強かったと思います」

パート職員が多く一斉保育に疲弊する日々

しかし、実際の保育園運営は大変だったそうです。

通常の保育園では、たくさんの子どもを数人の保育士さんが見ます。「一斉保育」と呼ばれる保育の手法で、遊びならみんなで同じこと（折り紙やお絵かきなど）をするのです。

「しかし現場をみると、子どもたちはみなそれぞれ違います。同じ年度の子でも、4月生まれと3月生まれでは1年近く違うのですから、個性を別にしても、そもそもの『できること』が違うので、同じことをさせようと思っても無理がありました。そこに先生を配置するとなると、とにかく掃除や片づけが大変で、みんな疲弊していました」

加えて、なかよしくっく保育園には「パート職員が多い」という現状がありました。それは、なかよしくっく保育園が認可外保育園からスタートしたことに起因します。

「認可外の頃は縛りがあまりなく、子どもたちを見る人全員が保育士の資格を持っていなくてもよかったのです。ですからパートさんや資格を持っていない人も雇って園を運営していました。しかし、認可保育園になったことで、そうはいかなくなりました。認可になったことで国が定める基準を満たさなくてはいけなくなったのです。パートさんも資格を持っていない人も資格を取るようにはなりましたが、そもそもがフルタイムで働ける人が少ない、という課題がありました。『これは何とかしないといけない』と思ったのです」

保護者支援から保育士支援にシフトチェンジ

忙しい保育士さんたちの疲弊、そしてパート職員が3分の2を占める職場で、倉園園長が選択した「人を大切にする経営」のひとつが、「担当制保育」でした。

1人の先生が少ない人数の子どもを担当することで、よりていねいに、よりこまやかに子どもの成長をサポートすることができる保育です。たとえば1歳児なら、散歩は先生1人に子ども2人。食事は先生1人に子ども3人。というように、少人数を特定の先生が担当します。また、子どもたちがみんな同じ遊びをするのではなく、一人ひとりが主体的に好きな遊びを選べる環境をつくり、先生はその子の発達に合ったおもちゃを用意する保育に変えたのです。

そうやって個々の先生たちの負担を減らすことを考えました。

さらに、働き方そのものの工夫として出勤制度を大きくチェンジしました。

保育園の営業時間は長いので、通常、曜日や時間単位でシフトを作り、そこにスタッフを当てはめていこうとするものです。

パート職員の多いなかよしくっく保育園では、まず、個々のパート職員が「働ける時間」を出してもらうことにしました。それをベースにシフトを組む方法に変えたのです。

「正直、希望シフトを見てやりくりするのは経営側としては大変です。まるで複雑なパズルを解いているようで、悩むこともよくあります。でも、逆に働く側にとってはありがたい制度なのでしょう。パートさんの中には子どもがいる人もいますし、その子の成長に伴って、働ける時間も変わります。たとえば、小学生と高校生では、お母さんが自由になる時間って変わりますよね？ そんなことも考えて保育士を支援する出勤制度にしたら、従業員満足度が上がりました」

結果、「やりくりは大変だけど〝能力があるけど制限があって働けない人〟が働けるようになった」と倉園園長は言います。

園は理念をこううたっています。

「なかよしくっく保育園は、未来を担うかけがえのない子どもたちと、安心・安全な環境の中での健やかな心身の発達と学びの基礎力づくりを望む保護者の方に、少人数制で、五感を通した食育と、専門的技術・知識を持ち、かつ人間力を備えた保育スペシャリストによる質の高いサービスを提供いたします」

この理念に共感してくれるスタッフも増え、園自体も明るくなったそうです。

採用に関しても、採用したいと思える応募者が増え、中には働いているスタッフが友人を連れてきてくれることもあり、あまり人を選べない環境ながらも求める人材は確実に増えていると言います。

「うちはパートさんのおかげで回っている保育園です。うちくらいの規模の認可園なら本当は正職員がもっと多いものですが、3分の2がパート職員さんで回せているのは本当にありがたいですね」

目指すは「日本で一番大切にしたい保育園」

現在、なかよしくっく保育園は、スタッフ向けの意識調査で「総合充足度71・3％（ワークライフバランス：86・3％、将来展望：78・2％、労働条件：76・1％）と高水準の保育園になっています。

出勤制度の変更のほか、60歳の定年制の廃止や、休憩時間・ノンコンタクトタイムの確保（休憩部屋を整備）、社内研修として「お片づけ研修」を導入し、月に一度、外部講師を招いて園内をチームで片づける取り組みを行っているそうです。

これによって、自分の我を出さなかったスタッフも研修を通して自らの意見を言えるようになり、スタッフ同士のコミュニケーションもよくなったと言います。

「大きなことは難しいので、小さなことでいいんです。たとえば、お誕生日にプレゼントを渡したり、メッセージを書いたり、忘年会をしたりといったささいなことでいいので、まずやることが大事です。それが大きな違いを生むと思っています。『大切にされている』という意識に大人も子どもも関係ありません。『あなたのことを認めています』ということを、一言でも伝えてあげることが大事だと思っています」

最後に、人を大切にする経営を行う倉園園長に今後の展望を聞きました。

離職がゼロになったわけではありませんが、園が嫌で辞める人はいなくなり、来年からは人事も自分たちで決めてもらう新しい取り組みも画策中だそうです。

「会社は変革し続けないとリフレッシュしないと思っています。少しずつでいいから、何か変化をさせていくことが必要だと思います。もちろん、そこには変えてはいけないものも存在します。でも、リフレッシュをやめるとみんなほかの園を経験したくなって辞めていってしまう。それを引き留めるためにも改革のアイデアはいつも頭の中にあります。そうやって改革を進めながら、『任せること』を1つずつしていくと下の人たちが育ちます。経営者としては勇気がいりますし、口を出したくなることもありますが、そこはあえて見守るのが私のやり方です。そうやって最終的に『任して任さず』の状況ができれば、私自身が自由になれて、新たなステージへの構想に着手できるのかなと思っています」

そのように語るなかよしくっく保育園の目標は、「日本で一番大切にしたい保育園」になることだそうです。

ワンマンリーダーから一番後ろにいる空間管理人へと変わった社長「ヒグチ鋼管株式会社」

2社目は、大阪府大阪市平野区にあるパイプ・鋼材の加工販売会社「ヒグチ鋼管株式会社」です。

1970年創業。現在の社員数は84人で、樋口浩邦社長はお父様から事業を引き継いだ2代目経営者です。

2014年頃、自身の経営スタイルに行き詰まりを感じていたため、株式会社NNAのあきない実践道場に参加してランチェスターの弱者の戦略を学んだり、「人を大切にする経営」を指導する株式会社シェアードバリュー・コーポレーションの小林秀司先生と出会い、人本経営実践講座を受講されたりしたそうです。

「当時はとにかくスタッフのケガが多発していて、クレームも多く、残業代の問題もあって、今振り返ると酷い状況だったと思います。法政大学の元教授、坂本光司先生の『人を大切にする経営』の話を聞いたときは、グサグサと胸に突きささって涙してしまいました」

社長の放った一言「もう電話は取らんでええ！」

当時のヒグチ鋼管も、今と同様、電話が鳴りっぱなしだったそうです。昼休みも終業後もひっきりなしに電話が鳴り、適正な労働時間をとても守れないような状況でした。

そこで樋口社長は社員にこう言ったそうです。

「社員に『昼休みはもう電話を取らんでええ！　しっかり休んでほしい』と宣言しました。また『18時までが営業時間や。18時以降も電話を取らんでええ！　これからはそうする！』と本気の決断を示したのを覚えています」

その後、ヒグチ鋼管では「人を大切にする経営」を行っている企業をベンチマークしながら、社是・経営理念の策定、３Ｓ（整理・整頓・清掃）活動の取り組み、有給休暇取得の推奨、社食制度と給食補助制度、結婚・出産祝い金、リーダー手当、社長の朝礼への参加、各種セミナーへの社員帯同など、さまざまな「社員を大切にする経営」を実践していきました。

しかし、そのような取り組みに対して当初、一部の社員の目は冷ややかだったと言います。

「最初の2年間くらいは、社内で『どうせ1～2年で元に戻るよ』『いつまでも続くもんか』という声がありました。でも、本気で会社をよくすると決めたし、自分としてはその覚悟があって、ブレないことが重要だと思っていました。実践する間にも『こんなことをしてうまくいくのか?』という疑問は浮かびます。それでも、経営者自身がリミッターを外して、『彼らが喜ぶことは全部やる』くらいの気持ちでやりましたね。結局、3年もするとそれが当たり前になってきて、ようやく私の気持ちが社員に伝わり始めたのかな、と思いました」

仏門に入ったからわかる娑婆と仏道の世界

「人を大切にする経営」を始めたのとほぼ同時期の2015年に、樋口社長は縁があって、仏道入門することを決意します。仏道実践をしながら経営者として会社の経営を行う一方、現在では「権少僧都（ごんのしょうそうず）」という僧位（僧侶の位階）まで与えられています。そして、仏門に入ったことで得られたものがあるそうです。

「仏教はそもそも実践の宗教です。自分のことは勘定に入れず、他人のために何ができるかを実践するので、娑婆（しゃば）（＝俗世間）の感覚でいえば真逆の世界です。とにかくお寺に行って気を入れ替える、先祖供養のご回向をする、庭園清掃の精進などの身施をする……こういった仏道実践を行い、娑婆世界と仏の世界を忙しく行ったり来たりしているのが今の自分です。そのおかげもあってか社員が育ちましたし、私自身も会社の権限移譲をスムーズにできたと思っています」

そのような意味で、樋口社長にとって仏道との出会いは「人を大切にする経営」との出会いをはるかに凌ぐ驚きと価値があったそうです。

仏道実践は「財施」や「身施」など、とにかくやることが数多くあるようです。その仏道実践をするためには、樋口社長にそれをする時間が必要です。ですから自然と社員に権限移譲を始め、今まで以上に仕事を任せました。

「社員に権限を渡していくと、彼らの中ではとまどいもある一方、『任せてもらえた』という喜びの感覚も芽生えます。私自身は時間の割り振り上、そうせざるをえないところまで追い込まれていたので結果論ではありますが、幸い優秀な社員たちがいてくれたので、権限移譲がピタリとはまったという感じでしょうか。今では大事な新人の採用も彼らに任せています。機械的な面接ではなく、笑いの要素も含めて明るく面接し、事務所も工場も食堂も会議室もご案内して、せいいっぱいヒグチ鋼管の社風をアピールし、それで納得して入社してもらっています」

娑婆と仏道が私にとっての「両輪経営」

現在、樋口社長は自分自身の経営者像を「会社の一番後ろにいる空間管理人」と形容しています。かつては「ワンマンリーダー」で、先陣を切って営業するトップダウン型だったのが、今では社員を後方支援するボトムアップ型になったそうです。

「私が今のようになれたのは自分の力ではありません。仏道のおかげです(笑)。『自分は自力で変われる』というのは思い上がりで、成長できるのは実際、周囲の人々のおかげによるところが大きい。私の場合はそこに仏道との出会いが重なり、その実践を通して、おかげさまの精神が染み込んでいきました。そのような謙虚な考え方を持つと、興味深いことに社員との関係も円満になるし、いろいろな人とのコミュニケーションもうまくいくようになりました」。

最後に、樋口社長にとっての「人本経営」について伺うと、京セラの稲盛和夫氏も言っていた「物心両面の幸せ」を切り口に、樋口社長は独自のおもしろい解釈を披露してくれました。

「物＝娑婆の世界、心＝仏の世界だと思っています。物＝娑婆の世界でお金を手に入れ、幸せな生活を実現する……ということは幸せのひとつだと思いますが、死んだら物＝娑婆の世界から離れてしまいます。一方で、心の世界は永遠で不離不滅です。そして、それはみんなうすうす感づいているはずです。本当に物＝娑婆の世界しかないのなら、娑婆で好き放題して、悪いことをしてでも銭儲けをすればいい。でも実際はそうではなく、みんな清くまっとうに生きようとします。そこには『死んだら何かある』という予感があるわけです。物心両面の幸せを実現したいなら、心の勉強もしないといけません。自分の場合は、企業経営という娑婆の世界に片足を、もう一方の足を仏の世界に突っ込みました。それに対して仏様は『どちらも妥協せず、徹底的にやれ』とおっしゃいます。だから、任せる場合も中途半端に任せず、任せきる。つまり「与え切る」。それに加えて「離し切る」、「信じ切る」の「3切る実践」によって、『会社の一番後ろにいる空間管理人』に専念するのが、私にとっての人本経営かもしれません」

そのように語る樋口社長は、最後に「今、うちで働く社員は、一人ひとりがかけがえのない大切なメンバーです。さらに応援していきたいですね」と語ってくれました。

一緒に理想を実現してくれるスタッフに囲まれた「ヨリタ歯科クリニック」

3社目は、大阪府東大阪市に所在を置く歯科クリニック「ヨリタ歯科クリニック」です。

1991年開業。スタッフ90人（ドクター、歯科衛生士、助手などを含む）を抱え、現在ではスマイル&コミュニケーションを大切にし、毎月多くの新規患者（新患）が訪れる、ワクワク楽しいディズニーランドのような歯科クリニックになっていますが、院長の寄田幸司さん曰く、「開業から10年間はまさに暗黒の時代」だったそうです。

「最初はまさに〝人材の自転車操業〟みたいな状態でした。開業した当時は3人のスタッフと3台の診療台がある普通の歯科クリニックでしたが、開業して4カ月でスタッフ全員がいきなり『辞める』と言ってきて、本当に辞めてしまったんです。

それでも30人くらいの予約があって、治療はしないといけないし、電話も鳴るし、会計もしないといけなくて、電話の子機を首からぶら下げながら治療していました。でも、同じ歯科医師の先輩に話を聞いたら『そんなもんだよ』と言われて。結局、10年間くらいは『何かが違う』と感じながらも、人がまったく定着しない暗黒の時代が続きました」

変わるきっかけを与えてくれた最愛の母の死

そんな寄田院長を変えるきっかけになったこと――それは最愛の母を亡くしたことでした。

寄田院長にとって、お母さんは一番の患者でもありました。寄田院長が歯科医師になったときにすぐに駆け付けてくれて、1年くらいかけて口の中のケアをすべて行ったそうです。そして「あんたが一番うまかった」と言ってもらえ、自信になったそうです。

そんなお母さんは2000年2月5日に亡くなりました。入退院を繰り返していた病院から訃報の連絡を受けたとき、寄田院長は治療の最中だったと言います。

「知らせを聞いてものすごく後悔をしました。自分にとって一番大切な人が死んだ日でも仕事をやめられず、駆け付けることもできない。仕事を休んでしばらくそばにいてあげることもできない。最後のお別れさえできない……。心の中で何度も母に『本当にごめんなさい』と謝りました。患者さんを大切にしすぎるあまり、本当は一番大切にしなければいけない家族や親、スタッフのことをまったく顧みていなかった自分に気づいて、胸をえぐられるようでした。このことをきっかけに『本気で変えよう』と思いました。自分にとって『変わらなければいけない』と感じるくらい母の死は大きかった。自分でも驚くほどの本気スイッチの入り方でした」

喪に服した1年の間、寄田院長は真剣にこれからを考えました。

どうすれば理想の「仕事が楽しくやりがいを感じられる歯科医院」を作れるのか――。経営者向けのセミナーに参加したり、自己啓発本やビジネス書を読み漁ったり、歯科以外の勉強会やDVDを視聴したり、有名マーケターの会員制のビジネス講座にも申し込んで猛勉強を始めました。

そして、クリニックの目指すものとして「感動を与え続け、感謝の言葉があふれ、ワクワク楽しい」の3つを掲げた理想のクリニックの姿が見えたのです。

「当時は1人だったのでクタクタでしたが、そこから勤務医として後輩が入ってきてくれて、するとまた彼の後輩も入ってきて、自然と人が増えていきました。そして満を持して『感動・感謝・ワクワク楽しい、夢いっぱいの医院を作る』というコンセプトでパワーポイントを作り、スタッフの前でプレゼンを行いました。ところが、そのとき15人ほどいたスタッフのうち、約半数の人から『そんなのできるわけありませんよ。変なセミナーに行かず、早く夢から覚めてください』と言われてしまったんです。結局、彼らは辞めていきました」

ところが寄田院長は、この出来事を不幸なこととして考えませんでした。むしろ暗黒の10年を抜け、次の10年間を作るきっかけになったと言います。

「彼らが辞めてくれたおかげで今があると思っています。新しい環境をつくろうとしたとき、それになじめないスタッフが出てしまうのは仕方がありませんし、責めることはできません。でも逆に考えれば、残ってくれたスタッフは『一緒に実現したい』と考えてくれていたわけです。人が抜けた分、新たに雇わなければいけませんでしたが、おもしろいもので、私がビジョンを掲げると、今度はそういう人たちが集まってくるんですね。人の問題はすぐに解決し、ビジョンに共鳴してくれるスタッフばかりになって、逆にうまくいくようになりました」

一緒に理想を実現してくれるスタッフを「主役」に考える

理想の歯科クリニックを実現するために、寄田院長はそこから「予防ベースの歯科クリニック」を作ろうと考えました。今と比べて20年近く前には「予防歯科」や「歯科クリニックでカウンセリング」という概念はまだありませんでした。

そこで、歯が痛くなった人ではなく、健康な人が集まれる場所を作ろうと考えました。12歳以下のむし歯のない子どもたちと、40歳以上の女性にターゲットを絞り、前者には「カムカムクラブ」という会を、後者には「ウエルカムサロン」というコミュニティを作りました。

そしてパンフレットやイベントを企画して、歯科クリニックに治療へ来るのではなく、予防のためのコミュニティ活動に来られるようにしたのです。

「正直なことを言うと、予防歯科は医療行為に当たらないので売上になるものではありません。だから普通の歯科医院はやりたがらない。でも『これをしないと歯科医じゃない、理想を叶えられない』という気持ちがありました。こういう活動には自分一人の力では足りないので、スタッフの力も必要になります。自然と『スタッフがイキイキと輝くような場所を作ろう』と考えるようになりました」

寄田院長はビジョンを掲げ、道を示します。ですが、それは1人では達成できません。必ずともに歩んでくれるスタッフが必要です。

スタッフに手紙を書く、イベントでスタッフを表彰する、スタッフが主役になれるイベントを企画する……。そういったスタッフがメインになるための企画を考え、実践してきたことで、スタッフには「ここにいたら成長できる」「大切にしてもらえている」という気持ちが芽生えたそうです。

ヨリタ歯科クリニックでは、初診の患者さんにパワーポイントのスライドを使って医院のコンセプト、診療方針、患者さんへの想いなどを伝えています。これも、最初は寄田院長がスタッフに見本を見せ、スライドを読みながらでもいいから真似をしてもらうことを実践してきたそうです。

「自分はそういう企画を考えるのが好きなんですね。プレゼンをするのも好きですし、ホームページの文章も自分で書いています。スタッフや患者さんに伝えないといけないことに関しては、できるだけ自分が前に出て、わかりやすく伝えているのです。開業20周年や25周年のパーティでは、スタッフへ感謝状も書きました。何十人といるスタッフ一人ひとりに合った言葉を探して、1枚1枚書いてみて、読んでみて、違ったら修正して……と1カ月くらいかけて書きます。ここ最近はコロナ禍で大きなイベントはできませんでしたが、それまでは自分が中心となってイベントを企画し、スタッフを主役に開催していました」

人を大切にし、地域で一番の歯科クリニックを目指す

ヨリタ歯科クリニックでは「人に優しいクリニック」をテーマに、まるでホテルのラウンジのような待合室や、あえて診療台を減らして作ったカウンセリングルーム、予防ルーム、キッズルームなど、普通の歯科医院ではありえないような設備が整えられています。これらはすべて寄田院長がアイデアを出し、設計士と相談をして全面改装したそうです。

さらに、すべての診療台の横に椅子を設けて、たとえばお婆ちゃんの治療の付き添いに来た娘さんや、子どもを治療に連れて来たお母さんがすぐ近くにいられる設計にしています。治療内容やアフターケアの内容を付き添いの人に聞いてもらうこ

ともできるので、一石二鳥の考え方です。

ただ、寄田院長はこうしたことも大事ですが、良い社風を出すためにもっと大事なのは「人」だと言います。

「どれだけ内装や設備をよくしても、患者さんは慣れるものです。でも、人との会話は飽きない。対応がよかった、ちゃんと対応してくれた、ということは客商売としてすごく大きいことなんです。だからスタッフの採用でも時間をかけて、教育もしっかりするようにしています。自分の考えと合う人に来てもらって、気に入ってもらって、長く働いてもらうことを心がけています。そうやって30年も続けてきましたので、今では自分の考え方を受け継いでくれているスタッフが何人もいます。彼ら幹部たちがほかのスタッフを教育し、雰囲気や『ヨリタらしさ』を醸し出してくれています。これも自分一人ではできなかったことです」

そんな寄田院長に、今後のビジョンについて聞きました。

今以上に大きな組織として拡大していくよりは、「ヨリタイズム」をスタッフに継承し、地元を大事にして地域密着でナンバーワンを目指していく方針のようです。

「一旦は大きなクリニックにしたので、これ以上大きくするつもりはありません。今でも約90人のスタッフがいますし、歯科医院は労働生産性の低い業態にもかかわらず、人がいないと回せない仕事なので、良い人材をマネジメントしていくことが差別化になると思っています。私の場合は、学生時代から家業を手伝っていたので何となく経営者感覚が身についているのかもしれません。ただ、治療の話に関しては、予防歯科に加えて、これからは訪問診療やマウスピース矯正はまだまだ増えていきますので、その分野で地域で一番のクリニックになろうと思っています」

最後に寄田院長は「人を幸せにした結果、自分が幸せになった実感がある。だって、この歳（60歳）になっても毎年誕生日を盛大に祝ってもらえるんですから」と美しい歯を見せて笑ってくれました。

倒産の危機を乗り越え「輝く企業」になった「株式会社ベル」

4社目は、大阪府東大阪市のビル清掃・メンテナンス会社「株式会社ベル」です。

1992年設立。スタッフ276人（本社27人、グループ全体249人）を抱えており、２０００年に「人を大切にする経営」への経営革新を行うため、奥社長は腹をくくったそうです。

それまでワンマンだった経営スタイルから、スタッフ一人ひとりの人間力を高める経営にシフトチェンジし、売上のことを言わず、経営に対する想いをスタッフに伝えていきました。

「人の縁があって営業職をしていた自分が清掃の業界に入り、建築美装関係の仕事としてビルメンテナンスの仕事があることを知りました。当時はちょうど清掃業がビルメンテナンスに移りゆく時代で、電気工事の資格や消防設備の点検の資格を持っていることで安定する仕事だとわかり、加えて営業スキルもある自分ならやっていけると感じました。ただ現実は、独立してみると最初の３年間はまったく売上が立たず、１０００万円以上の赤字が続きました」

すべてのことが「試され事」だった最初の6年間

独立を果たした奥社長でしたが、仕事はあったものの、最初の頃は下請けの仕事ばかりで、まったく売上が立ちませんでした。

しかも、独立の噂を聞きつけて入社してきたスタッフもいたため、彼の収入も確保しなければならず「人件費」という言葉があるように、はじめて「人が経費である」ということを思い知らされたそうです。

ただ奥社長はこの出来事を〝試され事だった〟と当時を振り返ります。

「幸い、妹が会計事務所に勤めていたため、アドバイスをもらって資金調達はできました。ただ、入ってきたスタッフについてはうれしい半面、仕事をイチから教えないといけないこともあり、大変でした。365日フルで働いても収入が少なく、自分の給料すら取れない。売上が立たなかった最初の3年間は、私自身が『何のために仕事をするのか？』ということを考えるための〝試され事の期間〟だったんでしょうね。仕事のためには最低でも4人態勢が必要でしたので、そのために必死でした。職人を雇っては短期で育てる、という繰り返しで『経営とは何か？』ということを、身を持って考えさせられました」

試され事の3年間を過ごした後、奥社長は仕事を回してくれていた元請け会社の社長に、「これからは自分たちも直接仕事を取っていきたい」ということを伝えます。

元請け会社の社長は本気で奥社長を信頼してくれていたので、その信頼に応えるため、奥社長自身も相手の看板が輝くくらいの仕事を心がけていました。

直請けの相談をすると、元請け会社の社長からは「ＹＥＳ」の返事。ですが、奥社長はこの出来事も〝新たな試され事だった〟と考えたそうです。

「（元請け会社の）社長には、私の会社で取った仕事もすべて報告していました。それが直仕事を取ることを許してくれたことに対する礼儀だと思っていたので。ただあるとき、こちらが直仕事でパンパンなのにもかかわらず、その社長から朝一で仕事が入ってきました。キャパオーバーなのは知っているはずなので、その瞬間は『どういうことだ？』と思いましたが、すぐに『これはきっと私の本気度が試されているんだ』と考え直しました。スタッフからは『無理です、断ってください』と言われましたが、私は『これは断ったらあかん。乗り切るから、頼むぞ』と発破をかけて仕事に取り組みました。そんな期間がしばらく続きます。３年後、社長から一言『奥、おまえのことを認めた』と言われたとき、ようやく自分なりの恩送りができたと思いました」

自殺の危機を救ってくれたスタッフと家族

そこから2年間ほど、株式会社ベルは順調な経営が続きます。会社として急成長し、福利厚生の面も整えながら、少しでも収益性の高い仕事をしながらお客様の層を変え、評価制度も作ろうと社会保険労務士と契約を交わし、企業としての形を整えていきました。創業から8年が経っていました。

ところが、そこに突如として不幸が襲います。金融機関の統廃合の最終期であった2000年頃に、契約していた金融機関の下請け調整で仕事の3割がなくなり、さらに別口で契約していた大手企業のビル清掃・メンテナンスの仕事も失い、売上の4割がなくなってしまったのです。当時、すでに社員を12人、アルバイトも多数抱えていたときに起きた出来事でした。

「人生最大の苦境でした。こちらのミスや不祥事で仕事を失うならまだわかります。でも、ここまで石垣を積むように取引先を増やし、そこでの信頼も勝ち取ってきたのに、それが急になくなったのですから、とても受け入れられませんでした。ビジネスモデルが崩壊したのと同義でしたから、頭の中には『もう無理だ』という言葉しか浮かびませんでした。夜も寝られず、毎日が恐怖でしかない。しかもその現実も受け入れられない。思考がマイナスのループに入ってしまって、自分が何のために生きているのかわからず、倒産の責任も取らないといけないと、死ぬことさえ考えました。それまで『自殺するヤツなんてアホや』と思っていましたが、自分がはじめてその立場になって『これがその感覚か……』と思い知らされました」

マイナス思考のループに陥ってしまった奥社長を救ったもの——それはスタッフと家族から「頼られている」ということでした。

あるとき、奥社長はそれでも世の中が普通に回っていることに思い至りました。自分自身がこんなに苦しんでいても朝は来るし、夜も来る。元請け会社は普通に営業し、そして自社のスタッフも会社で雑談をして笑っている。そのギャップに呆然となったそうです。

「笑っているスタッフを見て、つい『こんなタイミングでよく笑っていられるな』と口にしてしまいました。すると彼らから『だって、社長が何とかしてくれるでしょ』という返事がありました。そのときに気づいたんです。『自分は頼られているんだ』と。みんなが私のことを信じてついて来てくれていて、なのに私が経営者として未熟だから彼らを困らせてしまってもいる。それでも彼らは私を頼ってくれている。ようやく、弱っている自分を受容できるようになりました。ある日、家に帰ると当時3歳だった息子が抱きついてきたんです。そのときの私は、犯罪をしてでもお金をなんとかしないといけないと思っていたのですが、息子を抱きしめた瞬間に我に返りました。こんなお金のことばかり考えている自分を頼ってくれる無垢な子どもまでいる。『頼ってくれる』ということですべてがつながり、今の自分のマイナス思考のループや負の状況は結局、すべて『私の中』で起こっていることに過ぎないことに気づきました。頭の中で何かが撥ねる感覚がありました。いきなりスイッチが入って、それまで『死ぬ以外何もできない』と思っていたのが『死ぬことまで考えた自分なら何でもできる』と思えるようになったのです」

小さくてもいいから「輝く企業」を目指す

陽転思考という言葉があります。単なるポジティブシンキングではなく、起こった事実や出来事が変わらないのであれば、常に「プラスになるほう」を選んでいく思考法のことです。このときの奥社長も、まさに陽転思考をしたのでした。

まず、金融機関から借りられるだけお金を借りました。そのための事業計画を作り、新事業の経営計画を作り、できることをすべて考えて資金調達に動きました。そうやって会社の寿命を余命半年から余命3年にまで延ばすことができたのです。

そこからの3年間はとにかく働きに働いたそうです。

「『この金は返さなくていい』くらいの気持ちで行動すると、人間、何でもできるものです。失ったものにすがるのではなく、新しいことを始めるために計画をし、お金を借りました。そして、幹部スタッフと『うちはどこを目指すか？』を話し合い、未来の経営計画を作りました。嫌なことはもうやらない、下請けを一切辞める、3年後にビルの上から街を見下ろしている、など陽転思考で夢を描きました。ただし、それを実現するために、そこから3年間は今まで以上に寝る間も惜しんで働くことになりました」

奥社長曰く、これまで下請けで安住していたのは間違いで、だから〝試され事〟として倒産の危機が起こったのだそうです。

そして、小さくてもいいから輝く企業を目指そうと考えたと言います。「輝く企業＝働く人がイキイキ働き、夢を実現しながら喜びを分かち合える会社」です。

倒産危機から立ち上がって以降、そのための会社づくりをスタートさせ、3年後には「日本一の感動企業」を掲げ、さらにスタッフの士気を高めました。

「下請け時代の情けない思い出は、語り尽くせないほどたくさんあります。だからこそ、自分たちはやることをきっちりやって、お客さんと対等に話し合えるようになろうと思ったのです。そのためには下請けをやめる必要がありました。加えて、うちのスタッフを大切にしてくれないお客さんや、値段の話ばかりするお客さんとの付き合いもやめました。清掃業でもお客さんと密な関係を作り、働く人を幸せにするために、胸を張って堂々と働ける会社にしないといけないと思ったからです。

私の場合、勉強会に行く余裕はなかったので実践で勉強し、目指す姿を極めようとしてきました。経営にはスピリッツが必要です。スピリッツには、想いや悔しい経験、失敗、悩んだことなどがあって、それが原動力になって会社の心臓の役目を果たしてくれます。経営の80％はそれで決まると思っています。今ではすべての出来事と人の出会いがありがたいです」

株式会社ベルは2017年に第7回「日本でいちばん大切にしたい会社」大賞で審査委員会特別賞を受賞しました。そんな奥社長のライフワークは「ビルメンテナンスの業界を今よりも良くすること」だそうです。

第 6 章

人を大切にする経営で「自然に成長する組織」をつくる

いよいよ最終章となりました。ヘッズで行ってきた組織の立て直しや、他社の事例を通して私が感じるのは、「成功している会社には任せられるスタッフがいる」ということです。スタッフを育てていくことが重要だと言えます。

本章では、人を大切にする経営で「スタッフが自然に成長する組織」にしていくためにはどうすればいいのか、大事なポイントを改めていくつかお伝えします。

「人を大切にする経営」を継続することが大事

「人を大切にする経営」をテーマに、社是やクレドなどの重要性、良い社風をつくる方法などについて紹介してきました。これらを実践し、継続することで今よりも良い社風ができるだけではなく、社長自身が「仕事をしていて幸せだ」と感じる時間を手に入れることができるはずです。

しかし、それは一朝一夕ではできません。

社風ができあがるまでには時間がかかります。人を大切にする経営に方向性を変えてから、少なくとも3年ほどは地道な努力と我慢が求められるでしょう。そして、

5年くらい経った頃、スタッフの行動の変化を実感できるようになります。第5章で紹介した組織でも、変化するまでには年単位の時間がかかっていますし、私の会社でも8～10年かかりました。

さらに、その道中では、離職者が発生する場合もあります。第5章のヨリタ歯科クリニックでは半分のスタッフが「ついていけない」という事態になったように、みなさんの会社でスタッフが退職を申し出てくる可能性はゼロではありません。

経営者にとってはつらいことですが、その覚悟を持つことも変化の過程では必要です。

現在雇用しているスタッフに「なかなか想いが伝わらない」と思う場合であっても、利他の心で作った社是、世の中から必要とされるために作った会社の理念は、いつかはスタッフに伝わります。仮に離職者が出てしまったとしても「自分はこういう会社にしたい、スタッフを幸せにしたい」という想いを繰り返し伝えていきましょう。

それでもなお、方向性に共鳴してくれない場合は仕方がありません。離れていくスタッフにも人生がありますから、彼らの幸せを願って送り出してあげてください。

大切なのは、さまざまなハードルがあったとしても、日々繰り返し社是・経営理念・クレドを唱和し理念の浸透に努めることです。どんなときも「やり続けること」でしか、結果は得られません。

正しい方向に進んでさえいれば、いつか必ずスタッフが自発的に動いてくれる日がやってきます。1日1日を積み重ねていくように、人を大切にする経営を進めていきましょう。

あの片腕が会社に復職

第1章で、会社の経営方針を大きく変えるきっかけとなった、私の片腕だと思っていたスタッフですが、実は当社に復帰し、現在また一緒に働いてくれています。

退職してから5年経った頃のことでした。

離職した彼から、「ヘッズに復帰させてほしい。できれば営業職ではなく専門職で働きたい」との要望があったのです。私は、驚くと同時に少しだけ複雑な気持ちになりました。

離職率の高い時期にやめていったスタッフから、「もう一度働きたい」と言われるなんて、思ってもみなかったからです。昔の出来事が頭をよぎったものの、ちょうど専門職が欲しいと思っていた時期でもありました。このときばかりは本当に悩みました。

でも、せっかく彼から連絡がきたんだ。一度話だけでも聞いてみよう。そう思い、面接をすることにしたのです。

面接当日。数年ぶりに会う彼の姿を見て、私は少しだけ緊張していたように思います。

しかしそれも最初だけのこと。彼の真摯な態度や、会社に対する深い想いを聞き、驚きました。

「こんなふうにヘッズのことを思ってくれていたんや」

彼の気持ちをはじめて知った、そんな気がしたのです。

面接後、彼に対する気持ちは、面接前に抱いていたものとは明らかに変わっていました。

彼からしてみたら、わざわざうちを選ばなくてもほかにたくさん会社はあるはず。ましてや一度辞めたことで、敷居も高くなっていたことでしょう。

なのに、ヘッズで働きたいと言ってくれている……。

それなら、もう一度一緒にやってみよう。

私はそう決意し、彼に復帰してもらうことにしました。直接聞いてはいませんが、もしかしたら彼も面接を通して「昔の暮松さんや会社とは違う」と感じ、人本経営を実践し、幸せを追求する会社として歩む姿を見てくれたのかもしれません。


辞めた人を再雇用するのは賛否両論があると思いますが、私は「再雇用は選択肢の1つ」だと考えています。

一度辞めたスタッフなら、当然自社のこともわかってくれている。しかし、また何かあれば辞めてしまうかもしれない……。そういった葛藤があっても、その人となりを見て、改めて一緒にがんばろうという気持ちが湧けば、その気持ちに従ってみるのもよいと思います。復帰してくれた彼には、これからも大事なスタッフの一員として成長してもらいたいと願っています。

「損得」よりも「善悪」を基準に考えて

経営者であれば、業務の中で、ときに「損得感情」が生まれる場合があるでしょう。

「このほうが経費が安く済む」

「こっちのほうが、利益が多く出る」

商売ですからそういった意識を持つことは大事です。

しかし、得だけを考えてしまうと、しわ寄せが「スタッフ」に来る可能性があります。会社が利益を出したいがために「スタッフに無理をさせてしまう」のではそのときはよくても、スタッフは疲弊してしまいます。

損得感情が出てきたときに、意識してほしいポイントが2つあります。

1つは、今やろうとしていることが「社是、経営理念、クレドに照らし合わせてみて、その意義に適ったものになっているかどうか」ということです。自分が利益を得るためだけの事柄になってはいないか。それに当てはまるのであれば、やろうとしていることの見直しが必要になります。

そしてもう1つが、「善悪の基準で考えてみる」ということです。

「今、自分がやろうとしている仕事や、プロジェクトが本当に正しいのかどうか」

「周りのスタッフに無理をさせていないだろうか」

「社会から見て正しいかどうか」

といった善悪で考えてみてください。

そうすることで、「ああ、この話は儲かるかもしれないけど、無理をさせてしまうな」、逆に「これはスタッフの成長にもつながるから進めていこう」ということに気づけるはずです。

私自身、会社を大きくしていく上で、日々の小さな積み重ねを大切にしてきました。

会社を無理に大きくさせるような事業計画を作るのではなく、一歩ずつ事業を成長させるような計画を立て、お客様に対してきめこまやかなサービスを提供することを意識してきました。

商品やサービスを「損得」ではなく、まさに「善悪」で判断し提供し続けたことで、お客様に「自分のことをしっかり見てくれて、良いサービスを提供してくれる会社だ」と思っていただけたのでしょう。

そのアクションが、自分にとっても、スタッフにとっても、お客様にとっても良い結果をもたらしたのだと思います。

時代の変化に伴い、さまざまな場面で経営判断を求められることがあります。その際は、善悪をひとつの基準にしてみてはいかがでしょうか。

「人を大切にする経営」で入社する〝人財〟も変わる

会社の社風や内部の組織がよくなることで、採用もまた変化しました。

離職率が高い状態だと、理念の共感がなくてもただ入社希望というだけで採用してしまいます。

しかし、結局はその人も居つかず、採用と離職の無限ループに陥ってしまいます。良い社風の会社になれば、会社訪問の段階で、スタッフの対応を見て共感してくれる良い人材が入ってくるようになり、会社としてさらに発展していきます。

そうなると、「欠員補充」として随時採用をしていたものが定期採用に変わります。

実際に、当社でも採用のあり方は変わっていきました。

現在では自社リクルートサイトでの募集以外にも、就職ナビサイトへの掲載も利用して新卒の採用を行っています。今の時代は学生側もインターネットを使ったリサーチを活発にするようになり、事前に企業ホームページなどを見て、ある程度のイメージを持ってエントリーしてきます。

そのような学生に対して会社説明会を行うのですが、当社では説明会はすべて社内スタッフのみで実施しています。実際に足を運んでもらって、各フロアをまわり、会社の雰囲気を見てもらう。その上で面接をすると、興味深いもので「どうしてもここで働きたい」という人が現れるのです。第3章でもお話ししたように、社員食堂がその気持ちを押し上げてくれるのかもしれませんが(笑)、どうやら「楽しそうでイキイキと働いているな」という雰囲気を感じ取っているようです。

当社に限らず、良い社風の会社というものは、相手にすぐ伝わるものです。あまり意識していない人にも伝わりますし、良い就職先を求めてアンテナを高くした学生たちには、もちろん伝わります。

仮にあなたが、どこかのお店や会社へ行ったときにも、そこのスタッフがイキイキと働いているか、目が輝き、前を向いて仕事をしているか、自発的にアクションを起こしているか、やらされ感で働いていないか、ということは、なんとなくでもピンとくると思います。それと同じように、良い社風を感じた学生たちは「自分もここで働きたい」となるのです。

さて、採用については2つポイントがあります。

1つは「人を大切にする経営」で、あなたのお店や会社にそのような「財産のような人材＝人財」が集まってきたら、ぜひ「愛情の芽」を持っている人を採用してほしい、ということです。

能力はあとからいくらでも身につきます。それよりも大切なのは「心」のほうです。高学歴だったり高い能力を持っている人よりも、社是や経営理念に共感してくれている人は、まさに「採るべき人財」といっていいでしょう。

そしてもう1つ、「共感してくれているな」というのを見抜くポイントは、面接の際に、「何がよくて会社訪問をしてくれたのか」「どんなところが良いと思って面接を受けに来てくれたのか」という質問をして、はっきり答えられるかどうかです。

こう書くと、ハードルの高いことを言っているように聞こえるかもしれませんが、採用でミスマッチングを起こさないためにも、「価値観が同じかどうか」は意識すべきでしょう。

あなたの会社にマッチした人材を採用できれば、会社にとっても、またそのスタッフにとっても幸せを創る好循環が生まれます。

障がいのある人と一緒に働く

当社には約80人のスタッフがいますが、障がいのあるスタッフを2人雇用しています。

その1人、堀井聡太くんの話を紹介させてください。

堀井くんは、耳の聞こえない聴覚障がい者です。堀井くんは、サッカーチームに所属しているアスリートでもあります。

発端となったのは、スタッフからの発案でした。

障がい者雇用促進法では「従業員を43・5人以上雇用している事業主は、障がい者を1人以上雇用する」というルールがある（令和5年6月時点）のですが、2人目の採用を考えていたところ、人事担当者が、新卒の採用計画に障がい者雇用を加えたのです。

その中で知り合ったのが堀井くんでした。体育会系の学生の就職サポートの会社を通じてヘッズを知り、当社の社是・経営理念に魅力を感じてくれたのです。

当社にとって障がいのあるスタッフの新卒採用は初めてのこと。また堀井くんにとってもサッカーの練習との兼ね合いもあり、まずは「お見合いの交際期間」のような感じで、2021年の春からアルバイトとして勤務してもらいました。そして

1年後、双方の気持ちを再確認した上で、めでたくゴールイン。2022年から正社員として勤めてもらっています。

「人本経営」の小林秀司先生に彼の採用の話をしたところ、「堀井くんと一緒に働きたいと手を挙げた部署に配属するほうがうまくいく」とアドバイスをもらい、手を挙げたライフスタイル事業部への配属が決まりました。

以前は、ECモールのページ制作はほかのスタッフが兼務しながら行っていたので更新も滞りがちでしたが、堀井くんはチームの目標を自分の目標とし、粘り強くページの構築・更新をしてくれるようになり、売上アップにつながっています。

業務を進めていく中で、ひとつ気になったのがコミュニケーションについてでした。聴覚障がい者とのコミュニケーションの手段として知られているのが「手話」ですが、社内に手話ができる人はいませんでした。「筆談」もひとつの方法とはいえ、スムーズに意思の疎通を図るのは難しいと考え、同じ部署のメンバーに、困ることがないか尋ねたところ、「ほぼない」という予想外のリアクションが返ってきました。なんでも彼は「読唇術」を身に付けていて、人の唇の動きを読んで会話を理解するというのです。

彼のがんばりにただただ驚きました。

そして、もうひとつ驚いたことがありました。

以前から毎日の全体朝礼では、社是・経営理念・経営方針とクレドの12項目から1項目全員で唱和していましたが、コロナ対策として会社朝礼の実施を控え、事業部ごとの朝礼に切り替えていたとき、堀井くんが所属する部署では、社是や経営理念を手話で覚えることにしたそうです。離れたところから見ていた隣の部署のメンバーは、「無言で踊っているように見えた」とのこと。

それだけではありません。

なんと全体朝礼が復活した現在では、スタッフ全員で、手話を加えた唱和をしています。手話を取り入れたことで、今までは何の苦労もなく口をついて出ていた言葉の「一言一句の重みが増した」というスタッフもいます。

私は堀井くんの採用・配属にはほとんど関与していませんでしたが、彼の負けん気の強さ、礼儀正しさ、謙虚な姿勢、感謝力、コミュニケーション力などの人柄が、周囲に好影響を与えていると感じています。採用から現在にいたるまで、トップダウンではなくボトムアップで行った結果、スタッフ全員に良い影響を与えているのです。

ちなみに彼は、２０２５年に東京で行われる耳の聞こえない方たちのオリンピック「デフリンピック」をもっとさまざまな人に知ってもらう活動を続けています。

当社もその一助となれるよう、今後も彼と、そしてスタッフと一緒に仕事に取り組んでいきたいと思っています。

価格決定権を持つ

本章では、人材が自然に成長するためのポイントを紹介してきましたが、ここでは会社を成長させるために意識しておきたいことにも触れておきます。

それが価格決定権を持つことです。

価格決定権とは文字どおり価格を決定する権利です。これを自社で持つことは会社経営をする上でとても重要なことだと考えています。

当社はお店で使われる業務用の包装資材を企画、販売しています。普段の生活の中で商品を購入した際に入れてもらう袋には、社名や屋号などオシャレなロゴタイプが印刷されているのがほとんどです。

当社では、店名が入っていない箱や袋、包装紙、リボンなどを取り扱っています。クリスマスなどのシーズン商品もあります。

さて、価格決定権の話に戻すと、店名が入っている紙袋の決定権は誰が持っているでしょう。それは発注者にあります。資材を使う発注側であるお店が、数社の見積価格を見比べて決定します。受注側からすると、お店に合わせて値引きすることもあるでしょう。

一方、当社は商品の価格を自分たちで決めています。同業他社との価格競争はありますが、素材、デザインなどすべての企画を自社で行い、自社が作ったカタログやオンラインショップで販売しているため、価格決定権を持っているのです。日本でも一流企業であるトヨタ自動車、本田技研工業、日産自動車などもすべて自社で価格を決めています。アップル社やマイクロソフト社、半導体のインテル社やサムスン電子など、名だたる大企業は価格決定権を持ち、小さな会社から大企業に躍進しています。

また最近、ある機械を販売している会社の話を聞きました。それは、その会社の機械を購入してくれる企業が、機械を導入することで得られるコストダウン金額をもとに価格決定をしているというのです。もちろん超優良企業です。独自技術だからこそできる方法です。

このように価格の決定基準はさまざまで、基準なんてあってないようにも感じています。

ですが、価格決定権が自社にあるか自社以外にあるかによって利益に大きな差が生まれます。では、どのようにして価格決定権を手に入れるのか、また、決定権をすでに持っている会社は、どのようにして決定権を活かせばいいでしょうか。

独自性（オリジナリティ）を出す

価格決定権を持つためにはどうしたらいいか。ひとことで言うなら「そこにしかないもの」を持つということです。そこにしかないものの要素として、機能性、素材、デザイン、地域性、形状、ブランド、サイズ、嗜好性、意外性などがあります。それら複数の要素をかけ合わせて独自のモノとして企画開発していくこともひとつの方法です。

神戸のパンメーカーのヒット商品に90センチのホットドッグがあります。ホットドッグ自体はめずらしいものではありませんが、90センチともなるとその意外性がオリジナル商品になります。このように今後は企画開発力やアイデア力がより一層重要になります。

当社のお客様にはスイーツ店が数多くいらっしゃいます。スイーツ店は製造小売業としてすでに価格決定権を持っていますが、自店の強みをしっかりと研究し他店との差別化をはかるなど、より独自性の高い商材の企画開発が必要になります。

では小さな会社の、まだ価格決定権のない業種はどうすればいいでしょうか。雑貨屋さんなら、やはり独自性のある商品の開発や既存の商品のセット販売、商品以外のサービスの検討、たとえばラッピングに凝ってみたり、お客様の名前を入れる商品を企画したり。

また、当社のお客様で、家電製品をＷｅｂサイトで販売している会社は、ラッピングに特化していて、価格は特に安くはしていません。家電製品はネットで価格比較して安いお店で買う方が多いそうですが、顧客ターゲットをギフト需要に絞り込み、ラッピングコーディネーターの資格を持つ人が包装し、お客様の手元に届くようになっています。そのため口コミの評価は非常に高く、小さなマーケットでもしっかりと特化して成功しています。

小さな会社は価格だけでは大企業に負けてしまいます。自分たちの長所をしっかりと見直し、誰にどんなサービスを提供するか定め、他社に負けないくらいの喜びを提供できる企画をし、これからもより強く長く大きく成長してほしいと思います。

モノではなくコトを売る

小さなお店を経営していく中の心得としてもうひとつ。それは、「モノではなくコト」を売る、つまり商品ではなく体験価値を販売するのです。

当社の事例を紹介させてください。

当社は、「お客様のお困りごとを解決する」をモットーにしています。

そのため、お客様へ訪問する際もお尋ねするのは「何が売れていますか？」ということではありません。「今、どういうことにお困りですか」とお尋ねし、そこからコトの解決をはかっているのです。

そうやってお尋ねすると、たいていお客様からは「近くに競合の店があって、お客さんが流れている」「人がやめる」「売上が伸びない」といったお悩みが出てきます。

聞き取ったお悩みを蓄積していって、お客様とともにどう解決していくかが私たちの仕事です。まさに「モノ」ではなく「コト」の解決を目指しているのです。

「コト」を軸にして考えてみると、お客様が本当に必要としている「モノ」が見え、さまざまなアイデアが生まれます。

ヘッズでは、６０００種類以上のオリジナルのラッピング商品を扱っていますが、これらはすべて自社でデザインを行っています。これも、使ってくださるお客様が「自分の商品に合うものを選びたい」「ほかのお店が使っているラッピング商品とかぶりたくない」という想いから生まれたものです。

「コトを売ることが大切なのはわかったけれど、どこから手を付けたらいいのかわからない」という方がいるかもしれません。

その際はぜひ、お客様が自社の商品を買うシーンをこまかく思い返してみてください。

そして、どんな商品があったら喜ばれるか、どんなサービスがあったら便利なのかを考えてみてください。といっても、なにも一人で考える必要はありません。スタッフのみなさんを巻きこんで考えてみてください。

「ギフト用にお花を選ぶ人が多い」ことがわかったお花屋さんでは、「お花は少しすると枯れてしまうけれど、残るものをセットで販売したらいいんじゃないか」というアイデアが出て、お花とぬいぐるみをセットにした商品を売り出したところ、これがヒット。売上も伸長したといいます。

相手のことを考え抜いた先に、商品のアイデアが生まれ、「コト」の提供ができるのです。

10年計画を作ろう

「会社を成長させる」という観点において、経営者や幹部の方にとくに実践してほしいことがあります。それは、10年計画を立てることです。

使用するのは、1枚の紙とペン。

それに、今年から10年後までの年を横に連ねて書き込みます。その年の下に、自分の年齢、収入や会社の売上、さらには店舗数を書いていきます。

また、プライベートな計画も書いていきます。結婚のタイミングや子どもの年齢、入学、進学のタイミング、さらにはマイホーム購入のタイミングや住む場所や趣味、実現したい夢（外車を買う、ヨットを買うでもなんでも構いません）などをすべて1枚の紙に落としこんでいくのです。

もちろん「計画」ですから、現時点でわからない部分はあります。そのときは「こうなっていたい」という理想を書き込みましょう。

1枚の紙に落とし込むことで、自分が何を考えているのかはっきりと「見える化」できるようになります。じつはこれが最も大切です。頭の中にあるもやもやした目標をアウトプットして、再度潜在意識にすりこんでいく作業です。

不思議なもので潜在意識にすりこむと、知らないうちにそちらのほうに意識が向き達成しやすくなります。私が起業後すぐに立てた10年計画は、結果として約8割の目標を達成することができました。

計画を立てたら、時折計画全体を見直し、定期的に意識にすりこむようにしましょう。また、3〜5年に一度は大きく見返し、変更点などが生じたら計画の書き換えを行います。ただし、当初に立てた収入目標や獲得したいポジション、売上目標などは変更しないほうがいいでしょう。ここを変更してしまうと、計画そのものがブレてしまうからです。

ぜひこの10年計画を書き出して、心豊かな人生を歩んでください。

スタッフが自発的に会社を運営する理想の組織

本書でお伝えしてきた「人を大切にする経営」を何年にも渡って継続し、組織全体が良い社風に包まれた状態が当たり前になると、その先に待っている理想形のひとつとして「自走する組織」ができあがると私は思っています。

33歳のときに、1人で電灯もトイレもないシャッター付きガレージでラッピング用品の卸会社を起業して30年以上が経ち、２０２２年の10月を機に、私は会社の経営や決定権を徐々にスタッフに委ねつつあります。

会社の方向性については、私が旗振り役として3年後・5年後のビジョンを掲げますが、「毎年、何を行っていくか」の具体的な事業計画については、各部署のスタッフが1カ月以上かけて考え、スライドにまとめて発表します。

私の仕事は、それらをチェックしてＯＫか修正案を出すくらいです。

スタッフが自分たちで決めた目標や計画を自分たちで実行し、達成する流れができており、会社として「自走できる形」になっているのです。

こんなことができるようになったのも、「人を大切にする経営」に方針転換し、10年かけて「スタッフの幸せを一番に考えた経営」を行ってきたからだと実感しています。


経営者には、「会社の舵取りから組織運営に至るまですべてを自分一人が見ないといけない」と考えている方がいますが、そもそも、業務のこまかなところまで自分一人ですべて担当することはできません。

経営者の指示が行き届くようにする必要はなく、むしろこまかなマネジメントは現場に任せ、彼らに計画を進めてもらうほうがうまく回るのです。

もちろん、「雇用」「新規契約」「決断」などは、経営者が担う部分があるので相談の場は必要ですが、それ以外のアクションは、スタッフに任せ、「自らが決めていく」ような会社づくりを目指すことが必要でしょう。絞り込み戦略、社是や経営理念の策定、朝礼や風通しのいいフラットな関係づくり、良い社風づくり、人的・物理的な環境整備など、やるべきことはたくさんあると思います。

任せる段になったとしても、旗振り自体は経営者がしなければいけないでしょうし、スタッフがまとめてきた事業計画を見て、必要に応じて軌道修正をしたり、ミーティングを開いて話し合いをしたりして、最終着地点まで経営者が伴走していくことも最初のうちは必要でしょう。

計画どおりにいかなくても叱ってはいけない場面も多くあるでしょうし、逆にうまくいった・達成できたときは、大いにほめることも必要になってきます。

ですが、大事なのは「本気で良い会社をつくる」と決断し、一緒に働いてくれるスタッフの幸せを考えた組織づくりを今日から始めることです。

あなたがその最初の一歩を踏み出したとき、あなたの会社の未来は大きく、そして良い方向に変わっていくはずです。

「人本経営」とは

私は人を大切にする経営方法で、会社の方向性を大きく変えてきました。

結果、スタッフにもお客様にも私自身にも幸せな時を感じることがとても増えたと思っています。

今までの資本主義経営は、お金を軸に会社を経営していくという方法でした。

人本経営は資本ではなく、人を中心に、人の想いや利他の心で会社を運営していく方法です。

会社とはそもそも、人が生活をしていく中で必要とされることを適正な価値や価格で提供し、お客様の想いを実現していく組織です。

その会社に属するスタッフが、お客様に対する心づかいが欠けていたり、対応が悪かったりすると、お客様はどう思うでしょう。

「今度からこの会社の商品やサービスを使うのはやめよう」と思うはずです。

提供する商品を使ってくださるお客様に対してこまやかな心づかいができているのと、自社本位で自社の利益のことばかりに気がとられているのとでは、受ける印象はまったく違います。また、お客様も商品やサービスに対して厳しい目をお持ちです。商品の良し悪しはすぐに伝わります。

長く使っていただける商品なのか、二度と使わないかはその場で判断されるでしょう。それくらいシビアに考えていかなければならないのです。

そうしたこまやかな対応や心あるサービスを提供するには、何より働くスタッフ本人が幸せでなければなりません。

何度もお伝えしてきたように、「会社はスタッフの幸せを創る、スタッフはお客様の幸せを創る、お客様は会社を必要としてくれる」。これが人本経営のなせる会社づくりだと思います。

社会から長く必要とされる会社になること。それにはスタッフをまず幸せにすることから始まるのです。

本書でも繰り返し述べていますが、社是を「幸せ創造会社」に変更し、社長は社員のために、社員はお客様のために働くということを地道に浸透させたことで、ここ10年ほどで定着率も飛躍的に伸びました。今一緒に働いているスタッフは、家族や友人に会社を自慢してくれるまでになりました。

そこには、ヘッズで働く「喜び」や「やりがい」といった充実感があるからではないでしょうか。

「お金」や「時間」を軸にする働き方が悪いとは言いませんが、やはり社会人として仕事をしていく以上、まず働くことで社会やお客様に必要とされる「喜び」を知ることが何より大切ではないかと感じています。

人生100年時代、今後も長い仕事人生が待っています。そんな中で、3年はあっという間ととらえることができます。「1つの会社に3年は腰を据えて、その会社でしかできない経験をしよう」経営者のみなさんには、若い世代へそんなふうに伝えてみてほしいと思います。

コラム②

若手には「3年はがんばってほしい」と伝えよう

いまどきの20代の若手は、転職志向が強く、新卒入社しても1～2年で辞める人も多いと聞きます。また、仕事とプライベートを明確に分けるほか「仕事上は付き合いも必要最低限にする」「残業はしない、家庭やプライベート重視」というのが世間の常識になっているようです。

今は世の中の仕組みがどんどん変わり、時代の流れが本当に速いもの。私の創業時の話は通用しないかもしれませんが、それでもこのような働き方はとてももったいないと感じます。

そもそも、「プライベートと仕事を分ける」ということが果たして本当に正しいのでしょうか。誰しも入社して仕事をするようになれば、1日に8～9時間を職場で過ごすことになります。当然、職場の仲間ともそれだけ多くの時間を過ごし、ときには食事を一緒にすることもあれば、「素」の自分を出して付き合うこともあるでしょう。

仕事を通して会話していたものが、気心が知れるとお互いのプライベートなことを話したり、ときには悩みを相談したりするなどして大切な存在になっていくと思うのです。そうした出会いの場を「仕事だけの付き合いだから」と自らシャットアウトしてしまうのは、さみしいとすら感じてしまいます。

また、入社1～2年足らずで辞めてしまうのも、実は本人の成長にとっても、また会社にとっても大きな損失だと感じます。

入社3年目までは、会社の仕組みや考え方、人間関係、社風を知ることだけではなく、経済がどのように動いているのか、モノがどのようにつくられ、流通しているのかといった社会の成り立ちを学ぶ期間でもあります。この大事な期間で一度辞めてしまうと、こうした仕組みを知る機会が遅くなってしまいます。

1年や2年では、こうした仕組みを覚えることは至難の業でしょう。そういう意味でも、ヘッズに入社したスタッフにも「なるべく3年間はがんばるようにしてください」と声をかけるようにしています。

おわりに――「1つ先」へ進むために大切なこと

最後までお読みいただき、ありがとうございました。

本書でお伝えしてきたとおり、一つひとつ「人を大切にする経営」を積み重ねてきました。その結果、廻り廻ってスタッフだけでなく、スタッフの家族とのつながりまで持てるようになったのです。

スタッフのお父さん、お母さん、子ども、兄弟たちのこともよく知っています。

私自身の子どもは娘と娘のパートナーの2人だけですが、スタッフやその家族たちもまた、自分の子ども、孫のように考えています。

まさにビッグファミリーです。

今後も、お金だけではない心のつながりを大事にし、ヘッズを選んでくれるお客様はもちろん、スタッフをより幸せの方向へ変化させ、世の中のより多くの幸せを創りたいと願ってやみません。

もしもみなさんが今、昔の私のような組織運営に苦しんでいる状況なのだとしたら、これから「変わっていけるチャンス」だと考えてみてください。

スタッフの幸せを考え、新しい幸せの種まきをすることが、多くのスタッフの心を動かし結果的に会社は長く継続していくはずです。

本書がみなさんの行動のきっかけになれば、これに勝る喜びはありません。

最後に、本書を執筆するにあたって編集者さん、ライターさんをはじめとして多くの方のお力添えをいただきました。改めて感謝申し上げます。本当にありがとうございました。

暮松邦一

2023年5月

小さな会社は「人を大切にする経営」で成功する

2023年6月12日　第1刷発行

著者　暮松邦一

編集人　佐藤直樹

デザイン　華本達哉（aozora.tv）

企画協力　吉田 浩（株式会社 天才工場）

発行人　森下幹人

発行所　株式会社 白夜書房
〒171-0033　東京都豊島区高田3-10-12
［TEL］03-5292-7751
［FAX］03-5292-7741
http://www.byakuya-shobo.co.jp

製版　株式会社 公栄社

印刷・製本　大日本印刷 株式会社